Operation Watchtower

Serie de historia militar del Pacífico de la Segunda Guerra Mundial

Daniel Wrinn

Published by Storyteller Books, LLC, 2021.

While every precaution has been taken in the preparation of this book, the publisher assumes no responsibility for errors or omissions, or for damages resulting from the use of the information contained herein.

OPERATION WATCHTOWER

First edition. July 20, 2021.

Copyright © 2021 Daniel Wrinn.

ISBN: 979-8201483555

Written by Daniel Wrinn.

Durante los primeros seis meses de una guerra con los Estados Unidos, enloqueceré y obtendré victoria tras victoria. Pero, si la guerra continúa después de eso, no ofrezco tales garantías. –Almirante Isoroku Yamamoto

Operación Watchtower

A PRINCIPIOS DEL VERANO de 1942, el servicio de inteligencia informó que se estaba construyendo un aeródromo japonés en las Islas Salomón cerca de Lunga Point en Guadalcanal. Esto demandaba una acción ofensiva inmediata en el Pacífico Sur.

El Almirante Ernest King era el jefe de operaciones navales en el Pacífico. Era el principal defensor en Washington para iniciar una ofensiva. Sus puntos de vista fueron compartidos por el Almirante Chester Nimitz, el comandante en jefe de la Flota del Pacífico. El Almirante Nimitz ya había propuesto enviar el 1er Batallón de Incursores Marinos para destruir una base japonesa de hidroaviones en Tulagi. Una isla a treinta kilómetros al norte de Guadalcanal, al otro lado del Canal Sealark.

La Batalla del Mar del Coral había interrumpido un asalto anfibio japonés en Puerto Moresby, que era en ese momento la base de suministros aliada en el este de Nueva Guinea. La finalización del aeródromo de Guadalcanal marcaría el comienzo del renovado avance enemigo hacia el sur. Eso incrementó la amenaza a la línea de vida de la ayuda estadounidense a Australia y Nueva Zelanda. El 23 de julio de 1942, el Estado Mayor Conjunto en Washington acordó tomar la línea de comunicaciones en el Pacífico Sur. El avance japonés tenía que ser detenido a cualquier precio. El Estado Mayor Conjunto creó la Operación Atalaya y el plan para invadir y apoderarse de las islas de Guadalcanal y Tulagi.

Las Islas Salomón están ubicadas en los remansos del Pacífico Sur. Los cazadores de fortunas españoles descubrieron esas islas en el siglo XVI. Ninguna potencia europea vio ningún valor en esas islas hasta que

Alemania expandió su imperio colonial doscientos años después. En 1884, Alemania decretó un protectorado sobre el archipiélago de Bismarck, en el norte de Nueva Guinea y el norte de las Islas Salomón. Gran Bretaña entró en acción y estableció un protectorado sobre el sur de las Islas Salomón y se anexó el resto de Nueva Guinea. En 1905, la corona británica pasó el control administrativo sobre sus territorios en la región a Australia y al dominio de Papúa. Su capital estaba en Puerto Moresby.

Después de la Primera Guerra Mundial, las posesiones de Alemania en la región quedaron bajo el control administrativo de la Sociedad de Naciones. La sede del gobierno colonial estaba en Rabaul, Nueva Bretaña. Las Islas Salomón se ubican 10° por debajo del ecuador. Calurosas, húmedas y plagadas de lluvias torrenciales.

A finales de enero de 1942, las fuerzas japonesas se habían apoderado de Rabaul y lo habían fortificado. El sitio era un puerto excelente y tenía varias posiciones en aeródromos. Las pérdidas de portaaviones y aviones japoneses en la Batalla de Midway habían provocado que el Cuartel General Imperial Japonés cancelara su plan de invadir Midway, Fiji, Nueva Caledonia y Samoa. Pero los planes para construir una importante base de hidroaviones en Tulagi se mantuvieron. La nueva ubicación ofrecía uno de los mejores fondeaderos del Pacífico Sur. Ubicado estratégicamente a más de quinientas millas de las Nuevas Hébridas, a poco menos de ochocientas millas de Nueva Caledonia, y a sólo mil millas de Fiji. Era el lugar perfecto.

El puesto de avanzada de Tulagi en Guadalcanal era evidencia de una considerable fuerza japonesa en la región. Comenzando con el 17º Ejército, con sede en Rabaul, y la 8va Flota enemiga, la 11va Flota Aérea y la 1ra, 7ma, 8va y 14ta Fuerzas de Base Naval también estaban en Nueva Bretaña. A principios de agosto de 1942, las unidades de la inteligencia japonesa captaron transmisiones entre Noumea y Melbourne. Los analistas enemigos determinaron que el Almirante Ghormley había ordenado que una fuerza ofensiva asaltara las Islas Salomón o Nueva Guinea. Las advertencias se pasaron al Cuartel General Imperial Japonés ubicado en Truk, pero fueron ignoradas.

Agosto 1ro, 1942

LA FUERZA DE INVASIÓN se dirigía a objetivos en Guadalcanal, Tulagi y las pequeñas islas de Tanambogo y Gavutu cerca de la costa de Tulagi. La fuerza de desembarco estaría compuesta por marines. Las fuerzas de cobertura y transporte fueron suministradas por la Armada de los Estados Unidos con el refuerzo de los buques de guerra australianos. La 1ra División de la infantería de marina estaba programada para realizar los desembarcos. Cinco divisiones del ejército de los Estados Unidos estaban ubicadas en el suroeste del Pacífico. Tres en Australia, el 37º y el 5º de Infantería estaban en Fiji y una División Americal en Nueva Caledonia.

Ninguna de estas divisiones estaba entrenada para la guerra anfibia y todas eran piezas vitales de las guarniciones defensivas en el Pacífico. La 1ra División de la infantería de marina comenzó a llegar a Nueva Zelanda a mediados de junio después de que la 5ta División de la infantería de marina llegara a Wellington. El resto de las divisiones reforzadas de la unidad aún se estaban preparando para embarcar. El primer batallón de asalto se encontraba en Nueva Caledonia, el primer batallón de la infantería de marina estaba en San Francisco y el tercer batallón de defensa se encontraba en Pearl Harbor. La 2da División de la infantería de marina, que eventualmente reemplazaría a la 1ra División, y la 7ma División de la Infantería de Marina, estacionada en la Samoa Británica, mientras que el resto saldría de San Diego. Todos los regimientos de infantería de la fuerza de desembarco tenían batallones de artillería adjuntos del 11º de la infantería de marina.

La noticia de que esta división sería la fuerza de desembarco de la Operación Atalaya sorprendió al General de división Alexander Vandegrift. Había esperado que la 1ra División tuviera al menos seis meses de entrenamiento en el Pacífico Sur antes de ver cualquier tipo de acción. La carga de combate tuvo prioridad sobre cualquier carga administrativa de suministros. Se colocaron equipos, armas, municiones y raciones para ser desembarcados con las tropas de asalto. Las tropas de combate reemplazaron a los estibadores civiles. Descargaron y recargaron los buques de pasajeros y carga, a menudo durante las tormentas, lo que dificultó la tarea, pero el trabajo se hizo.

Todas las fuerzas de la división tenían su parte del trabajo en los muelles cuando llegaron los diversos grupos de transporte. Se estaba acabando el tiempo. El General Vandegrift convenció al Almirante Ghormley y al Estado Mayor Conjunto de que no cumpliría con el propuesto Día D del 1ro de agosto, y solo posiblemente cumpliría con la fecha de aterrizaje extendida del 7 de agosto.

Una operación anfibia es un asunto complicado cuando las fuerzas involucradas se reúnen mediante un aviso breve desde todo el Pacífico. La presión ejercida sobre Vandegrift fue intensa. Los barcos de la Armada de los Estados Unidos fueron la clave del éxito y eran escasos. Las batallas anteriores del Mar de Coral y Midway habían dañado las capacidades ofensivas de la flota imperial japonesa y paralizado sus fuerzas de portaaviones. Pero su principal avión naval podía luchar tan bien desde tierra como a flote, y los barcos de guerra enemigos aún eran numerosos y letales.

Las pérdidas estadounidenses en Pearl Harbor, Coral Sea y Midway fueron considerables. La Marina sabía que sus barcos escaseaban. Se acercaba el día en que los astilleros y las fábricas de Estados Unidos llenarían los mares con buques de guerra de todo tipo, pero en 1942 no habían llegado. El nombre del juego para la Marina de los Estados

Unidos era riesgo calculado. Y ahora el riesgo parecía demasiado grande. La fuerza de desembarco de la Operación Atalaya podría ser una baja. La Marina de los Estados Unidos nunca dejó de arriesgar sus barcos en las aguas de las Islas Salomón. Esto significó que la línea de vida naval para las tropas en tierra se hizo delgada.

El mando táctico de las fuerzas de invasión que se acercaban a Guadalcanal a principios de agosto estaba en manos del Vicealmirante Frank Fletcher como comandante de la fuerza expedicionaria (Fuerza de Tarea 61). Sus fuerzas consistían en el transporte anfibio que movilizaba la 1ra División de la Infantería de Marina, al mando del Almirante Richard Turner. El Almirante Leigh Noyes contribuyó con las unidades terrestres de las fuerzas aéreas que estaban al mando del Almirante John McCain. Las fuerzas de apoyo de Fletcher estaban compuestas por tres portaaviones, el *Wasp*, el *Saratoga*, el *Enterprise* y el acorazado *Carolina del Norte*, seis cruceros, dieciséis destructores y tres engrasadores de reabastecimiento. La fuerza de cobertura del Almirante Turner incluía cinco cruceros y nueve destructores.

A bordo de los transportes que se acercaban a las Islas Salomón, a los marines les esperaba una dura pelea. Sabían poco sobre los objetivos, menos aún sobre sus oponentes. Los mapas disponibles se basaban en cartas hidrográficas obsoletas e información proporcionada por antiguos residentes de la isla. Los mapas basados en fotografías aéreas eran de mala calidad y, a menudo, no estaban emparejados.

El 17 de julio, un par de oficiales del estado Mayor de la división, el Teniente Coronel Merrill Twining y el Mayor William McKean, se unieron a la tripulación de un B-17 que volaba desde al Puerto Moresby en una misión de reconocimiento sobre Guadalcanal. Informaron que no vieron defensas extensas a lo largo de las playas de la costa norte de Guadalcanal.

Guadalcanal y las Islas Florida

EL OFICIAL DE INTELIGENCIA G-2, Teniente Coronel Frank Goettge, determinó que aproximadamente 8.400 japoneses ocupaban Guadalcanal y Tulagi. El personal del Almirante Turner concluyó que los japoneses eran alrededor de 7.000 hombres. En comparación, el oficial de inteligencia del Almirante Ghormley calculó la fuerza enemiga en poco más de 3.000 hombres. Era el más cercano al total real de tropas japonesas de 3.457 hombres. Más de los 2.500 hombres estacionados en Guadalcanal eran trabajadores coreanos que trabajaban en el aeródromo.

El Cuerpo de Marines tenía una superioridad abrumadora sobre los japoneses. La División de la infantería de marina tenía 19.514 hombres entre oficiales y alistados. Esto incluía las unidades de ingenieros Naval Medical y los Seabee. Los regimientos de infantería sumaban exactamente 3.168 y tenían una compañía de cuartel General, una compañía de armas y tres batallones. Cada batallón de infantería (933 infantes de marina) se organizaba en una compañía de cuartel General, una compañía de armas y tres compañías de fusileros. El regimiento de artillería tenía 2.581 oficiales y efectivos. Se organizaron en batallones de obuses de 105 mm y tres de 75 mm. Un batallón de armas especiales de cañones antiaéreos y antitanques, un batallón de paracaídas y un batallón de tanques ligeros contribuyeron al poder de combate adicional. Un regimiento de ingenieros (2.450 marines) con batallones de pioneros, ingenieros y Seabees proporcionaba un fuerte elemento de combate y servicio. El total se completó con el cuartel General de la división, el cuartel General del batallón, las compañías de la policía militar y las tropas de servicio de la división. El 1er batallón de asalto y el 3er batallón de defensa se habían agregado al mando de Vandegrift para proporcionar más infantería y una defensa costera muy necesaria para el suministro de cañones y tripulaciones antiaéreos.

El armamento más pesado de la 1ª División se había quedado en Nueva Zelanda. El espacio y el tiempo limitado de la nave significaron que los cañones grandes de la división, el Batallón de obuses de 155 mm y todos los camiones de 2 1/2 toneladas del Batallón de Transporte Motorizado no fueran cargados. El Coronel del Valle comandaba el 11º de la Infantería de Marina. Estaba angustiado por la falta de sus obuses pesados. E igualmente preocupado porque el equipo esencial de alcance de flash y sonido necesarios para un fuego de contrabatería efectivo se quedó atrás. No había suficiente espacio para ropa adicional, ropa de cama y otros suministros esenciales para apoyar y reforzar a la división durante sesenta días de combate. También quedaba en Nueva Zelanda un suministro adicional de municiones para diez días.

En opinión de varios historiadores de la 1ª División y veteranos del desembarco, los hombres que se acercaban a los transportes "pensaron que les costaría mucho llegar a tierra". Eran jóvenes confiados y seguros de que no serían derrotados, pero la Mayoría de esos hombres entraban en combate por primera vez. Si bien había oficiales veteranos de combate y suboficiales dentro de la división, la Mayoría de los hombres iban a su primera batalla. El primer oficial de la infantería de marina, el Coronel Clifton Cate, estimó que más del 90% de sus hombres se habían alistado directamente después de Pearl Harbor.

La fama legendaria de la 1ª División de la infantería de marina de la Segunda Guerra Mundial posterior, la Guerra de Corea, la Guerra de Vietnam y la Guerra del Golfo Pérsico, la división más condecorada de las Fuerzas Armadas de los Estados Unidos, aún no había establecido su reputación. El convoy de barcos, con su pantalla protectora de portaaviones, llegó a Koro en las islas Fiji el 26 de julio. Los aterrizajes de práctica hicieron poco más que ejercitar los transportes de desembarco, ya que los arrecifes impedían un desembarco real en la playa.

El encuentro en Koro les dio a los comandantes superiores la oportunidad de tener una reunión cara a cara. Turner, McCain, Fletcher y Vandegrift se reunieron con Ghormley y el jefe de personal, el Almirante Daniel Callahan. Se enteraron de que el 7º de la infantería de marina de Samoa debía estar preparado para embarcarse con cuatro días de antelación para reforzar la Operación Atalaya. El Almirante Fletcher agregó algunas malas noticias a eso. Debido a la amenaza de ataques aéreos desde tierra, no pudo "mantener a los portaaviones en el área durante más de cuarenta y ocho horas después del arribo". El General Vandegrift protestó que necesitaba al menos cuatro días para llevar el equipo de la división a tierra. Fletcher mantuvo a regañadientes a sus portaviones en riesgo durante otro día.

El día 28, los barcos zarparon de las islas Fiji. Continuaron como si se dirigieran hacia Australia. Al mediodía del 5 de agosto, el convoy y sus escoltas giran hacia el norte hacia las Islas Salomón. No fueron detectados por los japoneses. La fuerza de asalto alcanzó su objetivo durante la noche del 7 de agosto y se dividió en dos grupos de desembarco. El primero fue la División de Transporte Rayos X. Tenían quince transportes que se dirigían a la costa norte de Guadalcanal, al este de Punta Lunga. La División de Transporte Yoke siguió con ocho transportes que se dirigían a Tulagi, Gavutu, Tanambogo en la cercana isla de Florida, que se cernía sobre las otras islas más pequeñas.

Los planes de Vandegrift para el desembarco colocaría a dos de sus regimientos de infantería, el 1° y el 5° de Marines, en tierra a ambos lados del río Lunga. Estarían listos para apoderarse del aeródromo y atacar tierra adentro. El 11º de la Infantería de Marina, el 3º Batallón de Defensa y la Mayoría de las unidades de apoyo de la división aterrizarían cerca de Lunga y estarían preparados para sacar provecho de la cabeza de playa. Veinte millas al otro lado del canal Sealark, el asistente del comandante de la división, El General de Brigada William Rupertus, lideraría las fuerzas de asalto para tomar Tulagi, Gavutu y Tanambogo. El 1er Batallón Raider, 2do Batallón y 5to de Marines (2/5 Marines) y el 1er Batallón de Paracaidistas patrullarían las costas cercanas de la isla de Florida. El resto del regimiento del Coronel John Arthur esperaría órdenes en reserva.

Se deslizaron por los canales a ambos lados de la escarpada isla Savo. Las nubes pesadas y la lluvia densa cegaron al grupo de trabajo hasta que salió la luna y recortó la silueta de las islas. A bordo de su nave de mando, el General Vandegrift le escribió a su esposa:

"Mañana por la mañana al amanecer, aterrizamos en nuestra primera gran ofensiva de la guerra. Nuestros planes se han hecho y Dios nos conceda que nuestro juicio haya sido sólido. Pase lo que pase, quiero que sepas que hice lo mejor que pude. Esperemos que sea lo suficientemente bueno ".

A las 0641, del 7 de agosto, Turner indicó a sus barcos que despacharan la fuerza de desembarco. Solo veintiocho minutos antes, Quincy comenzó a bombardear las playas de Guadalcanal cuando salió el sol ese viernes a las 0650, las tropas de asalto de la Infantería de Marina aterrizaron en las 0909 en Playa Rojo, en la costa norte de Guadalcanal. Para sorpresa y alivio de los hombres, ningún japonés se resistió al desembarco. Las tropas de asalto salieron de la playa y se adentraron en la jungla circundante. Vadearon el empinado río Ilu y se dirigieron hacia el aeródromo enemigo. Los primeros infantes de marina que siguieron pudieron cruzar el Ilu en un puente que los ingenieros habían levantado dentro de un tractor anfibio que sostenía su centro. El silencio era inquietante. La ausencia de oposición preocupó a los fusileros. Las tropas japonesas, en su Mayoría trabajadores coreanos, huyeron hacia el oeste, aterrorizados por una semana de bombardeos de los B-17, disparos navales y la imponente vista de los barcos en alta mar. La situación no era la misma en todo el archipiélago. Los marines de Guadalcanal escucharon ecos de un tiroteo a través del canal.

Los japoneses en Tulagi se negarían a darse por vencidos sin una batalla viciosa a muerte y sin rendición. Después de que los marines desembarcaron, se trasladaron tierra adentro hacia la cresta que atravesaba la isla a lo largo. Los batallones de marines encontraron focos de resistencia en la maleza de la espesa vegetación de la isla. Maniobraron para flanquear e invadir a los oponentes. El avance de los marines fue constante pero plagado de bajas. Al anochecer, habían llegado a la antigua residencia británica que dominaba el puerto de Tulagi y cavaron para pasar la noche. Estaban frente a la colina que dominaba la posición japonesa, un barranco en el extremo sur de la isla. Los marines 2/5 limpiaron su sector de insurgentes enemigos. Al final de su primer día, el 2° Batallón tenía cincuenta y seis hombres muertos y otros más heridos. Las bajas del 1er batallón de asalto fueron noventa y nueve marines.

Durante la noche, los japoneses salieron de las cuevas de las laderas en cuatro emboscadas separadas, tratando de penetrar las líneas de los Batallones de asalto. No tuvieron éxito y la Mayoría murió en sus esfuerzos suicidas. Al amanecer, el 2º de la Infantería de Marina desembarcó y reforzó a los atacantes. En la tarde del 8 de agosto, se completó la limpieza y terminó la batalla por Tulagi. La lucha por las diminutas Tanambogo y Gavutu, ambas poco más que pequeñas colinas que se elevaban desde el mar conectadas por una calzada de cien metros, tuvo una lucha tan intensa como la de Tulagi.

El área de combate era mucho más pequeña que las oportunidades de apoyo de fuego de los barcos en alta mar. Los aviones de transporte se vieron limitados una vez que los marines aterrizaron en la cabeza de playa. Los disparos navales comenzaron desde el crucero ligero San

Juan. Los F4F Wildcats que volaban desde el Wasp atacaron posiciones enemigas en la isla. El 1er Batallón de Paracaidistas desembarcó 395 hombres en tres oleadas en Gavutu. Los japoneses, con posiciones aseguradas en las cuevas, abrieron fuego contra la segunda y tercera olas, inmovilizando al 1ero de la Infantería de Marina en la playa. El Mayor Williams recibió un balazo en los pulmones y fue evacuado. Treinta y dos marines murieron bajo el fulminante fuego enemigo. Esta vez, los refuerzos de los segundos marines eran realmente necesarios. La Compañía B del 1er Batallón aterrizó en Gavutu e intentó tomar Tanambogo. Los atacantes fueron arrojados al suelo y tuvieron que retroceder hasta Gavutu.

Después de una dura noche de lucha con los defensores de ambas islas, el 3er Batallón del 2º de la infantería de marina, reforzó a los hombres que ya estaban en tierra y limpió cada isla. La factura de muertos de los infantes de marina en las tres islas era de casi 150. Los heridos eran poco menos de 200. Los japoneses supervivientes huyeron a la isla de Florida, que había sido explorada por el 2do de infantes de marina el día D y se encontraba libre de soldados enemigos. Los desembarcos marinos y la concentración del transporte marítimo en aguas de Guadalcanal actuaron como un imán para los japoneses en Rabaul. El cuartel General del Almirante Ghormley se escuchó el día D, "pidiendo desesperadamente el envío de fuerzas de superficie a la escena" y designar transportes y portaaviones como objetivos para bombardeos masivos. Los mensajes se enviaron sin codificar y enfatizaron el peligro inminente de la guarnición amenazada. La respuesta japonesa fue rápida y sería característica en los próximos meses de batallas aéreas y terrestres que ocurrieron.

El 7 de agosto, un observador costero australiano advirtió sobre un ataque aéreo japonés que estaba compuesto por bombarderos ligeros, pesados y de combate que se acercaban rápidamente a la isla. Los pilotos de Fletcher, cuyos portaaviones estaban posicionados a ciento sesenta kilómetros al sur de Guadalcanal, interceptaron los aviones que se acercaban, a veinticinco kilómetros de distancia, antes de que pudieran atacar las posiciones de los marines. Este revés no desanimó a los japoneses. Otros aviones y barcos se dirigían al objetivo que les invitaba.

El 8 de agosto, los marines consolidaron sus posiciones en tierra, tomaron el aeródromo de Guadalcanal y establecieron una cabeza de playa. Los suministros se descargaron tan rápido como la lancha de desembarco pudo dar la vuelta desde el barco a la costa. Aun así, los hombres asignados en tierra para manejar la afluencia de raciones, municiones, tiendas de campaña y combustible de aviación eran lamentablemente inadecuados. La playa se convirtió en un vertedero. Justo cuando aterrizaron los suministros, debían trasladarse a otras posiciones cerca de Kukum Village y Lunga Point dentro del perímetro planificado. Afortunadamente, la falta de oposición terrestre japonesa permitió a Vandegrift trasladar las playas de suministro al oeste a una nueva cabeza de playa.

Los bombarderos japoneses penetraron la pantalla de los cazas estadounidenses el 8 de agosto. Lanzaron bombas desde veinte mil pies o más para escapar del fuego antiaéreo. Los aviones enemigos fueron inexactos mientras se concentraban en los barcos en el canal, dañando varios y hundiendo al destructor Jarvis. En la lucha por hacer retroceder a los aviones atacantes, los escuadrones de cazas de los portaaviones perdieron veintiún Wildcats.

Los japoneses apuntaron a los barcos aliados. Los comandantes japoneses en Rabaul subestimaron la fortaleza de las fuerzas del General Vandegrift. Pensaron que los desembarcos de los marines estaban compuestos por una fuerza de reconocimiento de 2.000 hombres en Guadalcanal. En la tarde del 8 de agosto, Vandegrift tenía

10.900 soldados en tierra en Guadalcanal y otros 6.075 en Tulagi. Tres regimientos de infantería aterrizaron con batallones de obuses de apoyo de 75 mm: el 2º y el 3º Batallones. 11º Marines en Guadalcanal y 3º Batallón del 10º de Marines en Tulagi. El 5º Batallón con los obuses de 105 mm del 11º de Marines apoyaron el asalto.

Más tarde esa noche, una fuerza de cruceros de la Armada Imperial Japonesa reaccionó a la invasión estadounidense con una intensa respuesta. El Almirante Turner había colocado tres grupos de destructores de cruceros para bloquear los accesos a Tulagi. Durante la batalla de la isla de Savo, los japoneses demostraron su superioridad en los asaltos nocturnos y la lucha en esa etapa de la guerra. Rompieron dos de las fuerzas de cobertura de Turner sin ninguna pérdida. Fueron hundidos cuatro cruceros pesados, tres estadounidenses y uno australiano adicionalmente otro perdió la proa. Cuando salió el sol en lo que pronto se llamaría "Ironbottom Sound", los marines observaron con rostros sombríos cómo los barcos de Higgins salían en tropel para rescatar a los sobrevivientes. Las bajas estadounidenses fueron 1.300 marineros muertos y otros 700 heridos. Las bajas japonesas fueron menos de 200 hombres.

El crucero *Chokai* fue el único barco japonés que sufrió daños en el encuentro. Los cruceros estadounidenses *Vincennes*, *Astoria*, y *Quincy*, fueron hundidos al igual que el HMAS australiano *Canberra* que fue gravemente dañado y posteriormente hundido por torpedos estadounidenses. Tanto el crucero *Chicago* como el destructor *Talbot* Fueron dañados. Afortunadamente para los infantes de marina en tierra, la fuerza japonesa (cinco cruceros pesados, dos cruceros ligeros y un destructor) partió antes del amanecer.

Cuando el líder de la fuerza de ataque japonesa, el Vicealmirante Gunichi Mikawa, regresó a Rabaul, esperaba recibir los elogios de sus superiores. Los recibió, pero fue también objeto de críticas. El

Almirante Yamamoto, el comandante de la flota japonesa, reprendió a sus subordinados por no atacar los transportes. Mikawa respondió que no sabía que los portaaviones de Fletcher estaban tan lejos de Guadalcanal.

Ese desastre llevó a los Almirantes estadounidenses a reexaminar el apoyo naval para las operaciones en tierra. Fletcher estaba preocupado por la seguridad de sus portaaviones. Ya había perdido una cuarta parte de su aviación de combate. El comandante de la fuerza expedicionaria había perdido un portaaviones en Midway y otro en Coral Sea. Sintió que no podía arriesgarse a perder un tercero, incluso si eso significaba abandonar a los hombres en la isla. Antes del ataque del crucero japonés, obtuvo el permiso del Almirante Ghormley para retirarse.

El Almirante le dijo al General Vandegrift que la inminente retirada de Fletcher tendría que sacar los barcos de la fuerza anfibia. La batalla de la isla Savo fue esencial para reforzar la decisión de huir antes de que atacaran los aviones enemigos japoneses. Al día siguiente, los transportes partieron a Noumea. La descarga de suministros de barcos se interrumpió mientras los barcos huían. Las fuerzas en tierra tenían raciones para diecisiete días, después de contar la comida japonesa, y solo cuatro días de suministro de munición para todas las armas. Los buques de guerra huyeron con la Mayoría de los suministros y con la Mayoría de los Marines de la 2da División todavía a bordo. Los marines se quedaron en la isla de Espíritu Santo en las Nuevas Hébridas. El Coronel Arthur y los infantes de marina estaban angustiados por no poder reforzar a sus camaradas hasta que finalmente llegaron a Guadalcanal el 29 de octubre.

El General Vandegrift ordenó que las raciones restantes se redujeran a dos por día para los marines en las cabezas de playa. La Mayoría de los marines eran fumadores y ahora fumaban cigarrillos de marca japonesa.

El tabaco de rápida combustión les quemaba los labios debido a los filtros de papel separados que venían con los cigarrillos.

Los barcos de la marina que se retiraban también se llevaron consigo valiosas herramientas de ingeniería, así como algunos de los sacos de arena vacíos. Los marines utilizaron palas japonesas desechadas para llenar los sacos de arena restantes. Fortalecieron sus posiciones defensivas a lo largo de las playas entre el río Tenaru y las crestas al oeste de Kukum.

La llegada de un contraataque japonés era una clara amenaza. En el interior de las playas, los infantes de marina en las trincheras tenían posiciones de armas defensivas y se alineaban en la orilla oeste del Tenaru. Mantuvieron un terreno más alto sobre las colinas que miraban al oeste hacia el río Matanikau y Point Cruz. Al sur del aeródromo había crestas y barrancos densamente sellados. El perímetro de la cabeza de playa estaba custodiado por puestos de avanzada ocupados por tropas de apoyo al combate. Las posiciones de primera línea incluían a los ingenieros y batallones de tractores anfibios. De hecho, cualquier infante de marina con un rifle, prácticamente todos los infantes de marina, cumplía una misión defensiva nocturna. Ningún lugar dentro del perímetro podía contarse a salvo de la infiltración enemiga.

Cuando el transporte de Turner zarpó, los japoneses comenzaron un patrón de hostigamiento con ataques aéreos sobre la cabeza de playa. A veces, las incursiones se producían durante el día. Pero los cañones antiaéreos de 90 mm del 3er Batallón obligaron a los bombarderos a volar demasiado alto para un bombardeo efectivo. El patrón errático de las bombas significaba que no había un lugar seguro cerca del aeródromo, el objetivo preferido, y ningún lugar podía afirmar que estaría libre de bombas. Los ataques aéreos japoneses se convirtieron en la nueva norma y hostigaron severamente las posiciones aliadas, lanzando bombas y bengalas indiscriminadamente.

Los motores de los aviones de los visitantes nocturnos pronto se convirtieron en sonidos muy conocidos. Fueron llamados "Lavadora Charlie" y más tarde "Louis el Piojo" cuando señalaron al bombardeo japonés. Cuando se utilizó "Charlie", se refería a un bombardero nocturno bimotor. "Louis" era un hidroavión crucero que señalaba a los barcos bombarderos. Pero los marines acosados usaban estos nombres indistintamente.

Aunque la Mayor parte del equipo pesado de ingeniería de la división había desaparecido con los transportes navales, los ingeniosos marines pronto completaron la pista del aeródromo con equipo japonés capturado. El 12 de agosto, el ayudante del Almirante McCain pilotó un PBY-5 Catalina. El hidroavión aterrizó en lo que ahora era oficialmente Campo Henderson, llamado así por un piloto de la Marina, el Mayor Loftin Henderson perdido en Midway. La Armada decidió que los cazas podían usar el aeródromo y voló con varias cargas de infantes de marina heridos. Los primeros de 2.879 en ser evacuados. El Campo Henderson fue la pieza central de la estrategia del General Vandegrift. Lo mantendría a toda costa.

La diminuta pista de aterrizaje tenía solo dos mil pies de largo y carecía de una calle de rodaje o un drenaje adecuado. Los aguaceros torrenciales llenaron de baches la pista. Quedó inutilizable, pero fue esencial para el éxito de la fuerza de desembarco. Con la pista de aterrizaje operativa, los suministros podrían llegar y los heridos ser evacuados. Al menos en la mente de los marines, el salvavidas de los barcos de la Armada ya no estaba disponible para los marines restantes. Los marines del General Vandegrift se atrincheraron en el Campo Henderson al este y al oeste.

El cuartel General imperial japonés en Rabaul planeó lo que consideraba la respuesta más eficaz a la ofensiva de los marines. Su inteligencia defectuosa estimó que los estadounidenses tenían dos mil

OPERATION WATCHTOWER

hombres. Varios oficiales japoneses creían que una fuerza más pequeña abrumaría rápidamente la invasión de los marines. El 12 de agosto, el Comandante en Jefe Del Comando Del Pacífico determinó que una fuerza japonesa considerable se estaba concentrando en Truk para viajar hacia las Islas Salomón a intentar expulsar a los estadounidenses. Los portaaviones pesados *Zuikaku* y *Shokaku* y el portaaviones ligero *Ryujo* fueron enviados. Después de las dolorosas pérdidas en la isla Savo, el único aumento significativo de la fuerza naval estadounidense en las Islas Salomón fue un nuevo acorazado, el Dakota del Sur.

El cuartel General imperial japonés en Tokio había ordenado al 17mo ejército del General Hyakutake que atacara el perímetro de los marines. Para su fuerza de asalto, eligió la 35ta Brigada de Infantería, comandada por el Mayor General Kawaguchi. La fuerza principal de Kawaguchi estaba en Palaos. El General Hyakutake eligió al 28º — un regimiento de infantería de alto nivel comandado por el Coronel Ichiki — para llegar primero. Alertados de su misión mientras aún estaban en Guam, el escalón de asalto del destacamento Ichiki, un batallón de novecientos hombres, fue transportado a las Islas Salomón en el único envío disponible, seis destructores. Las tropas solo llevaban pequeñas cantidades de suministros y municiones. Una fuerza de seguimiento de mil doscientos soldados se uniría al batallón de asalto en Guadalcanal.

Batalla de las Islas Salomón Orientales

MIENTRAS LA FUERZA de desembarco japonesa se dirigía a Guadalcanal, los japoneses ya estaban en la isla, lo que les recordaba de forma desagradable que estaban rodeados de lucha. Un oficial naval japonés capturado les dijo a los oficiales de la Infantería de Marina que el grupo japonés estaba listo para rendirse cerca de la aldea de Kokumbona, a siete millas al oeste de Matanikau. Que era el área que el Coronel Goettge creía que albergaba a la Mayoría de las tropas enemigas que habían huido del aeródromo. El 12 de agosto, una patrulla de reconocimiento de veinticinco hombres dirigida por el propio Goettge abandonó el perímetro en lanchas de desembarco. Su patrulla aterrizó cerca de su objetivo. Fueron emboscados y casi aniquilados.

Tres infantes de marina sobrevivieron nadando de regreso a las líneas. El resto de los otros marines de la patrulla y sus cuerpos nunca fueron encontrados. Después de perder a Goettge y sus hombres, el perímetro se volvió más vigilado. El 14 de agosto, un observador costero llamado Martin Clemens salió tranquilamente de la jungla y entró en el perímetro de los marines. Había observado el aterrizaje japonés desde las colinas del sur del aeródromo y trajo consigo a su guardaespaldas de policía nativo. Jacob Vouza era un Sargento Mayor local y retirado de la Policía Británica de las Islas Salomón. Ofreció a sus hombres que buscaran a los japoneses al este del perímetro donde podrían haber aterrizado.

La noticia de avistamientos de japoneses al este y oeste del perímetro se compensó con la noticia de que ya habían desembarcado más marines. Estos marines eran aviadores. El 20 de agosto, dos escuadrones de grupos de aviones de la Marina fueron lanzados desde el portaaviones de escolta Long Island, a unas doscientas millas al sureste de Guadalcanal. El capitán John Smith condujo a diecinueve Grumman F4F Wildcats del Escuadrón de Combate de los Marines a la estrecha pista del aeródromo de Henderson. Los cazas del Capitán Smith fueron seguidos por el Escuadrón de Bombardeo-Explorador Marino del Mayor Richard Mangrum con doce bombarderos de picada Douglas SBD Dauntless.

No perdieron el tiempo. Los pilotos de la Marina pronto fueron a una acción contra los aviones navales japoneses. El capitán Smith derribó a su primer caza Zero enemigo el 21 de agosto. Tres días después, los Wildcats interceptaron un fuerte ataque aéreo japonés y derribaron dieciséis aviones enemigos. En este combate, la capitana Marion Carl, una veterana de Midway, derribó tres aviones. Los vigilantes costeros alertaron a la Fuerza Aérea Cactus de un inminente ataque aéreo. Trece de los dieciséis bombarderos enemigos fueron atacados y destruidos. Tres de los bombarderos en picado enemigos destruidos dañaron a tres destructores enemigos que intentaban llegar a Guadalcanal.

El 22 de agosto, cinco helicópteros Bell P-400 Air Cobras del 67° Escuadrón de Cazas del Ejército aterrizaron en el Aeródromo de Henderson, seguidos más tarde en la semana por nueve Air Cobras más. Estos helicópteros del Ejército tenían graves deficiencias en la velocidad de ascenso y la altitud. Verían la Mayor acción en los roles de apoyo al combate terrestre.

El 24 de agosto, los aviones atacantes estadounidense ahora incluían bombarderos exploradores de la Armada del Escuadrón Explorador de Saratoga. Hicieron retroceder un convoy de refuerzo japonés de destructores y buques de guerra.

Esta acción frenética se conoció como la Batalla de las Salomón Orientales. Los destructores japoneses ya habían entregado la vanguardia de la fuerza Ichiki en Taivu Point. Una patrulla de la

Infantería de Marina tendió una emboscada a una importante fuerza japonesa en Taivu el 19 de agosto. Los japoneses muertos fueron rápidamente identificados como tropas del Ejército. Entre los escombros de su derrota, los marines encontraron uniformes nuevos y grandes cantidades de equipos de comunicación. Esto marcó una nueva fase de lucha. Los japoneses encontrados hasta ese momento habían sido tropas navales.

Los marines excavaron a lo largo del río Ilu, a menudo mal etiquetado como Tenaru en los mapas marinos, y estaban listos para recibir al Coronel Ichiki. Las órdenes del comandante japonés eran "recuperar rápidamente y mantener el aeródromo de Guadalcanal", en su propia directiva, sus tropas debían luchar "hasta el último aliento del último hombre". Y eso fue lo que hicieron.

El Coronel Ichiki decidió no esperar al resto de su regimiento. Seguro del hecho de que solo se enfrentaría a dos mil marines, Ichiki marchó desde Taivu a las líneas de los marines. Antes de atacar, una figura ensangrentada salió a trompicones de la jungla con una advertencia de que llegarían los japoneses.

El Sargento Mayor Vouza había sido capturado por los japoneses. Encontraron una pequeña bandera estadounidense escondida en su taparrabos. Los japoneses lo torturaron para obtener más información sobre los detalles de la Fuerza de Invasión Marina. Lo ataron a un árbol, le clavaron dos bayonetas en el pecho y lo golpearon con las culatas de los rifles. El Sargento Mayor Vouza mostró verdadero valor mientras mordía sus ataduras para escapar.

Fue presentado al Coronel Edwin Pollock, cuyo 2º Batallón, 1º de la infantería de marina mantuvo las defensas de la desembocadura del río Ilu. Advirtió que más de quinientos soldados japoneses lo seguían de cerca. El Sargento fue trasladado de urgencia a un puesto de socorro y luego al hospital de la división. Milagrosamente sobrevivió a su terrible experiencia y fue galardonado con la Estrella de Plata por sus heroicas acciones. El Sargento Mayor Vouza también fue nombrado Sargento Mayor honorario de los marines estadounidenses.

El 21 de agosto a la 01:30, las tropas japonesas irrumpieron en las líneas de los marines en la frenética demostración de "fuerza espiritual" para destruir a su débil enemigo estadounidense. Mientras los japoneses cargaban a través del banco de arena, a horcajadas sobre la desembocadura del río Ilu. Los marines estadounidenses los derribaron. Después de un asalto con morteros, los japoneses intentaron de nuevo pasar por el banco de arena. Una sección de cañones de 37 mm golpeó a la fuerza enemiga con un efecto letal. El 1er Batallón, de la 1ra División de la infantería de marina, avanzó río arriba al amanecer. Y vadeó el lento arroyo de quince metros de ancho y se movió para flanquear a los japoneses. Los gatos monteses ametrallaron a la asediada fuerza enemiga. Cinco tanques ligeros bombardearon a los japoneses en retirada. Para las 1700 horas, cuando se ponía el sol, la batalla terminó.

El Coronel Ichiki, deshonrado por la derrota, quemó los colores de su regimiento y se pegó un tiro en la cara. Ochocientos soldados japoneses se unieron a él en su ritual de muerte suicida. Los pocos supervivientes huyeron hacia el este hacia Taivu Point. El Almirante japonés Tanaka, cuyas tropas de refuerzo de destructores y transportes fueron responsables de la acumulación de tropas japonesas en Guadalcanal, comentó sobre este tonto ataque sin apoyo:

"Esta tragedia debería habernos enseñado la desesperanza de las tácticas de lanzas de bambú".

El exceso de confianza del Coronel Ichiki era un rasgo común y una debilidad entre los comandantes del ejército japonés. Después del combate del 1er Batallón de infantes de marina con el destacamento Ichiki, el General Vandegrift se inspiró para escribir y recordó:

"Estos jóvenes son las personas más malditas cuando comienzan..."

Los infantes de marina de Guadalcanal, tanto veteranos como recién alistados, se estaban convirtiendo en combatientes de jungla de rápido éxito. Ya no eran "fáciles de disparar" como muchos lo habían sido en los primeros días en tierra, disparando a las sombras y al enemigo imaginario. Ahora esperaban objetivos, patrullaban con entusiasmo y más seguros de sí mismos. La mal llamada batalla del Tenaru le había costado al regimiento treinta y cuatro muertos en combate y setenta y cinco heridos. La Mayoría de los marines de la división ahora estaban ensangrentados. Lo que habían probado los hombres de Tenaru, Gavutu, Tulagi y los de Ilu era que la 1ª División de la infantería de marina podía y se mantendría firme en lo que había logrado.

Mientras los infantes de marina y los marineros de la 1ra División tomaban un respiro mientras los japoneses se reagrupaban para otro ataque, la acción en el aire sobre las Salomón se intensificó. Todos los días llegaban aviones japoneses antes del mediodía para bombardear el perímetro. Los pilotos de combate de la Marina lucharon contra los bombarderos Betty bimotores como objetivos fáciles. Los cazas japoneses Zero fueron otra historia. Mientras que los Wildcats eran aviones mucho más robustos, los Zeros japoneses avanzaban en velocidad y una mejor maniobrabilidad les otorgaba ventaja en los combates. Los aviones estadounidenses, cuando los vigilantes costeros advertían sobre los ataques japoneses, tuvieron tiempo de trepar por encima del enemigo que se aproximaba y atacaron disparando durante inmersiones de alta velocidad. Estas tácticas hicieron que el espacio aéreo sobre las Islas Salomón fuera peligroso para los japoneses. El 29 de agosto, el portaaviones Ryujo lanzó aviones para un ataque contra la pista de aterrizaje.

Los Wildcats del capitán Smith derribaron a dieciséis con una pérdida de cuatro. Los asaltos aéreos japoneses continuaron golpeando el aeródromo de Henderson sin cesar. Dos días después de la incursión de Ryujo, los bombarderos japoneses causaron daños masivos al aeródromo. Encendieron combustible de aviación en aviones estacionados incinerándolos. La represalia de los marines fue derribar otros trece aviones enemigos.

El 30 de agosto, dos escuadrones MAG-23 volaron al aeródromo de Henderson. Estos refuerzos fueron más que bienvenidos. El daño frecuente causado por el desgaste del combate con escasas instalaciones para reparar y sin acceso a partes mantuvo el número de aviones disponibles como un recurso decreciente.

El General Vandegrift necesitaba refuerzos de infantería tanto como aviones adicionales. Trajo a los ahora combinados Batallones de Paracaidistas y Raider, bajo el mando de los 2/5 Marines, a Guadalcanal desde Tulagi.

El comandante de la división ordenó un aumento significativo de las patrullas de reconocimiento para buscar y destruir a los soldados japoneses. El 27 de agosto, el 1er Batallón y el 5º de la infantería de marina aterrizaron cerca de Kokumbona y marcharon de regreso a la cabeza de playa sin resultados. Mientras los japoneses excavaban más allá del Matanikau, esperaban y buscaban una mejor oportunidad para atacar.

La Cresta Sangrienta del Coronel Edson

EL ALMIRANTE MCCAIN visitó Guadalcanal a finales de agosto. Llegó a tiempo para recibir los refuerzos aéreos que había ordenado, justo a tiempo para saborear los bombardeos nocturnos japoneses. Obtuvo experiencia de primera mano de otra característica no deseada de las noches de la Fuerza Aérea Cactus: ser bombardeado por cruceros y destructores japoneses. El General Vandegrift señaló que el Almirante McCain había recibido una dosis de la "ración normal de Proyectiles". El Almirante había visto suficiente y envió una señal a sus superiores; era el momento de incrementar el apoyo a las Operaciones de Guadalcanal.

Señaló que era "imperativo y que la situación no admitía demora alguna". Envió otro mensaje a los Almirantes Nimitz y King:

"Los cactus pueden ser un sumidero para el poder aéreo enemigo y deben consolidarse, expandirse y explotarse para causar daño mortal al enemigo."

El 3 de septiembre, el comandante General de la 1er Ala de Aeronaves de la Marina, el General Roy Geiger, y su comandante asistente del ala, el Coronel Woods, se trasladaron hacia Guadalcanal y se hicieron cargo de las operaciones aéreas. Estos aviadores veteranos de la Marina representaron un impulso instantáneo a la moral de los pilotos y las tripulaciones de tierra. Reforzó la creencia de que estaban a la vanguardia del combate aéreo, ahora estaban marcando el ritmo para el resto de la aviación del Cuerpo de Marines. El General Vandegrift podría entregar la gestión diaria de las defensas aéreas de Cactus al hábil y experimentado General Geiger. No hubo escasez de objetivos para la fuerza aérea mixta de aviadores de la Marina, la Armada y el Ejército. Los ataques diarios de los japoneses, junto con los constantes intentos de refuerzo de los destructores y transportes enemigos, significaron que todos los tipos de aviones despegarían de la pista de Henderson y volarían por el aire con la Mayor frecuencia posible. Los Seabees habían comenzado a trabajar en una segunda pista de aterrizaje, Fighter One, que aliviaría la Mayor parte de la presión del aeródromo principal.

A estas alturas, la Mayoría de las tropas del General Kawaguchi habían llegado a Guadalcanal. Aquellos que no lo habían hecho, se perdieron el aterrizaje para siempre debido a los ataques aéreos estadounidenses. Kawaguchi apostó por un ataque sorpresa en el corazón de la posición de los Marines. Planeó una estocada desde la jungla directamente al aeródromo. Para llegar a su posición de desempate, Kawaguchi tendría que moverse a través de un terreno accidentado sin ser observado, abriéndose camino a través de la densa vegetación y fuera de la vista de las patrullas marinas. Esta extenuante ruta de aproximación los llevaría a una cresta prominente coronada por Kunai Grass que serpenteaba a través de la jungla hasta una milla de la pista de Henderson. Desconocido para la inteligencia japonesa, Vandegrift trasladó su cuartel general a un lugar protegido hacia la base tierra adentro de la cordillera, un sitio mejor protegido contra los bombardeos enemigos y el fuego de artillería.

El éxito del plan del General japonés dependía de que los marines mantuvieran ese perímetro interior escasamente vigilado. Concentraron sus fuerzas en los flancos este y oeste. Esto no sucedería. Toda la inteligencia disponible, incluidos los mapas enemigos capturados, apuntaban a la probabilidad de un ataque al aeródromo. Vandegrift movió su batallón combinado de paracaidistas / asaltantes hacia el enfoque enemigo más evidente a lo largo de la cresta.

Los hombres del Coronel Edson exploraron la isla Savo después de trasladarse a Guadalcanal y destruyeron una base de suministros japonesa en Tasimboko. Otra incursión más corta tomó posiciones en las laderas delanteras de la cresta en el borde de la jungla invasora el 10 de septiembre. Su comandante dijo que estaba convencido de que estaban en el camino del próximo ataque japonés. Las patrullas anteriores habían detectado que se acercaba una fuerza considerable de asalto japonesa. El Coronel Edson patrullaba extensamente mientras sus hombres cavaban en la cresta. En la jungla que la flanqueaba, los marines entraron en contacto con patrullas enemigas que confirmaron que las tropas japonesas estaban al frente. Kawaguchi tenía dos mil de sus hombres con él; lo suficiente, pensó, para atravesar el aeródromo.

Los bombarderos japoneses habían arrojado bombas de quinientas libras a lo largo de la cresta el día 11, y los barcos enemigos comenzaron a rociar el área después del anochecer del día 12, una vez que disminuyó la amenaza de ataques aéreos estadounidenses. El primer empuje japonés llegó a las 21:00 horas contra el flanco izquierdo del Coronel Edson. Salieron de la jungla, los soldados enemigos atacaron sin miedo a la cara de las ametralladoras y los disparos de los rifles. Se acercaron al alcance de la bayoneta. Los marines los hicieron retroceder. Luego volvieron a atacar, un ataque coordinado contra el flanco derecho, y penetraron en las posiciones de los marines. Fueron obligados a retroceder nuevamente. Un tercer ataque puso fin a la acción de la noche, fue una pelea cerrada, pero a las 02:30, el Coronel Edson le dijo a Vandegrift que sus hombres podían aguantar. Y lo hicieron.

En la mañana del 13 de septiembre, el Coronel Edson reunió a los comandantes de su compañía y les dijo:

"Solo estaban probando, solo probando. Volverán."

Se ordenó la fusión de todas las defensas y se mejoraron las posiciones. Tiró de sus líneas hacia el aeródromo a lo largo de la columna central de la cresta. Los marines 2/5, estaban de regreso en Tulagi. Se colocaron en posición para reforzarlo de nuevo.

Los asaltos de la noche siguiente fueron tan feroces como ningún infante de marina no había visto antes. Los japoneses lucharon cuerpo a cuerpo en todas partes. Estaban en las trincheras de los marines y en los pozos de armas, y pasaban por posiciones para atacar por la retaguardia. El Sargento Mayor Banta le disparó a uno en el puesto de mando. El Coronel Edson apareció dondequiera que la lucha fuese más dura, animando a sus hombres a realizar sus Mayores esfuerzos. Las batallas cuerpo a cuerpo se extendieron por la jungla en ambos flancos de la cordillera. Las posiciones de ingenieros fueron atacadas. Se ordenó a las 5tas reservas de la infantería de marina entrar en combate. La artillería de los infantes de marina del 5/11 disparó obuses de 105 mm a los objetivos señalados. El alcance se hizo tan corto como mil quinientos metros desde el tubo hasta el impacto.

Los japoneses no pudieron aguantar más. Se retiraron al amanecer. En las laderas de la loma en la jungla circundante, dejaron más de setecientos cuerpos, con otros quinientos hombres heridos. Los restos de la fuerza de Kawaguchi retrocedieron tambaleándose hacia sus líneas en el oeste. Una marcha extenuante e infernal de ocho días que mató a la Mayor parte del enemigo.

El costo para la fuerza del Coronel Edson por su defensa épica también fue alto. Perdió cincuenta y nueve hombres, diez desaparecidos en combate y casi doscientos heridos. Junto con las bajas y pérdidas de Tulagi, Gavutu y Tanambogo, esto marcó el final del 1er Batallón de Paracaidistas como una fuerza de combate eficaz. Menos de noventa hombres de la fuerza original de los paracaidistas podrían caminar fuera de la cresta que pronto se conocería como la Cresta Sangrienta o la Cresta de Edson. Debido a sus acciones inspiradoras y heroicas, el Coronel Edson recibió la Medalla de Honor.

Durante los dos días siguientes, los japoneses intentaron apoyar el ataque de Kawaguchi en la cresta contra los flancos del perímetro de los marines. En el este, las tropas enemigas intentaron penetrar las líneas del 3er Batallón de la 1ra División de la infantería de marina. El fuego de artillería los sorprendió al aire libre en el plano de hierba, causando más de doscientos muertos. Hacia el oeste, el 3er Batallón de la 5ta División de la infantería de marina continuó manteniendo posiciones en las crestas que cubrían la carretera costera y luchó heroicamente contra una determinada fuerza de ataque japonesa que se enfrentó a sus líneas del frente.

El 7mo de Marines Refuerza al Batallón

LA VICTORIA EN LA CRESTA Sangrienta del Coronel Edson elevó la moral del frente local de los Aliados. Reforzó la idea, para los hombres en tierra en Guadalcanal, de que podían eliminar cualquier cosa que el enemigo pudiera enviar contra ellos. En los niveles más altos de mando militar, los líderes no estaban seguros de si los marines terrestres y su variada fuerza aérea podrían resistir contra las fuerzas japonesas.

Los despachos japoneses capturados revelaron el mito de la fuerza defensora del tamaño de dos mil hombres. Los japoneses imperiales enviaron una fuerza naval considerable y dos divisiones de tropas japonesas para enfrentarse y conquistar a los estadounidenses en Guadalcanal. La Fuerza Aérea Cactus, impulsada por escuadrones de portaaviones de la Armada, convirtió el refuerzo planeado en una empresa de alto riesgo. Este era un riesgo que los japoneses estaban dispuestos a correr.

El 18 de septiembre, el esperado 7º de la Infantería de Marina reforzó al 1º Batallón, al 11º de la infantería de marina y a otras tropas de la división. Cuando los hombres de Samoa desembarcaron, fueron recibidos con los brazos abiertos por los marines que ya estaban en la isla. El 7º había sido el 1º regimiento de la 1ra División en ir al extranjero. Muchos pensaron entonces que sus hombres eran probablemente los primeros marines en entrar en combate. La división había enviado a algunos de los mejores marines a Samoa, pero ahora habían regresado. Un veterano de combate del 5º de la infantería de marina le dijo a un amigo en el 7º que estaba cansado de esperar "a ver a nuestro primer equipo entrar al juego". Un convoy de suministros separado llegó a la isla al mismo tiempo que la llegada del séptimo, trayendo consigo el primer reabastecimiento de municiones y combustible de aviación desde el Día D.

La fuerza naval que cubría los convoyes de suministro y refuerzo fue atacada por submarinos japoneses. El acorazado Carolina del Norte resultó dañado y el portaaviones Wasp fue torpedeado y hundido. El destructor O'Brien fue golpeado tan severamente que se partió y se hundió camino al dique seco. La Marina cumplió la misión. El 7º de la infantería de marina fue desembarcado, pero con una terrible pérdida de vidas. Uno de los pocos resultados optimistas del devastador ataque japonés con torpedos fue que el resto de los aviones del Wasp se unieron a la Fuerza Aérea Cactus. Similar a lo que habían hecho los aviones del Enterprise y el Saratoga con sus portaaviones. Esto dejó al *Hornet* como el único portaaviones de toda la flota en el Pacífico Sur.

A medida que los barcos que traían al 7º de la infantería de marina se retiraron, se llevaron con ellos a los supervivientes del 1º Batallón de Paracaidistas con las bodegas de enfermos llenas de hombres gravemente heridos. El General Vandegrift ahora tenía el control de cinco batallones de artillería, uno bajo el batallón de asaltantes de fuerza y diez batallones de infantería. Los Marines 3/2, llegaron de Tulagi. El perímetro defensivo se reorganizó en diez sectores. Le dio al de ingenieros pionero y batallones de tractores anfibios a lo largo de la playa. Los otros sectores fueron ocupados por los batallones de infantería, que incluían el perímetro interior de la selva. Cada regimiento de infantería fue asignado a batallones, uno para mantenerse en reserva y un batallón en línea.

El General Vandegrift tenía un grupo selecto de soldados de infantería que se entrenaban para ser exploradores y francotiradores al mando del Coronel "Salvaje Bill" Whaling. Un experimentado luchador en la jungla, tirador y cazador, fue designado para dirigir una escuela para perfeccionar las habilidades de lucha de las divisiones. Cuando los hombres terminaron su entrenamiento bajo el mando del Coronel Whaling volvieron a sus tareas, otros tomaron su lugar y estuvieron disponibles para operaciones de exploración y punta de lanza.

Ahora que el General Vandegrift tenía más de diecinueve mil hombres en tierra. Planeaba tomar una posición de avanzada en la orilla este del río Matanikau. Probó la reacción japonesa con una fuerte fuerza de marines. El General Vandegrift eligió al nuevo 1er Batallón del 7mo de Marines, comandado por el Teniente Coronel Lewis "Pechudo" Puller, para trasladarse tierra adentro a lo largo de las laderas del Monte Austin y patrullar hacia el norte hacia la costa y el área controlada por los japoneses.

El batallón de Puller chocó contra las tropas japonesas que acampaban en las laderas del monte Austin el día 24 y, en un fuerte tiroteo, perdieron a siete hombres y obtuvieron veinticinco heridos. Vandegrift había enviado a los Marines 2/5 para reforzar a Puller y ayudar a sacar a los heridos de la jungla. Puller avanzó con los refuerzos que se movían a lo largo de la orilla este del río Matanikau. Llegó a la costa el 26 de septiembre como estaba previsto. Encontró fuego intenso en las crestas al oeste del río. Intentó cruzar con los Marines 2/5 pero fue rechazado.

Se ordenó al 1er Batallón Raider atacar el día 27 y establecer una base de patrulla al oeste del río Matanikau antes de ser enviados tierra adentro para flanquear a los japoneses. El batallón, ahora comandado por el ex oficial de operaciones de Edson, Teniente Coronel Samuel Griffith, se encontró con un nido de avispas de soldados japoneses que habían cruzado el río Matanikau durante la noche. Un mensaje confuso llevó al Coronel Edson a creer que los hombres de Griffith avanzaban de acuerdo con el plan. Aterrizó compañías de los Marines 1/7 detrás del río Matanikau y golpeó a los japoneses por la retaguardia. Y lanzó otro asalto al otro lado del río.

Este aterrizaje se realizó sin incidentes, y el 7º de la infantería de marina se trasladó tierra adentro solo para ser cortado y emboscado por los japoneses. Se ordenó que auxiliara a una fuerza de rescate. Se movieron con dificultad a través de lanchas de desembarco y fuego japonesas. Los infantes de marina fueron evacuados después de una dura lucha bajo el fuego de cobertura de un destructor y ametralladoras de un SBD aéreo. El 7º de la Infantería de Marina regresó al perímetro y aterrizó cerca de Kukum. El Raider y el 5.º Batallón de Marines se retiraron del Matanikau. Los japoneses impugnaron enérgicamente cualquier avance hacia el oeste, y les costó a los marines la vida de sesenta hombres y quedaron más de cien heridos.

Los soldados japoneses con los que se habían encontrado los marines eran hombres del 4º Regimiento de la 2da División (*Sendai*). Los prisioneros confirmaron que la división estaba desembarcando en la isla. Esto incluyó el refuerzo enemigo de obuses de 105 mm, cañones capaces de bombardear el aeródromo desde posiciones tan lejanas como Kokumbona. Esta fue una evidencia directa de un nuevo y más potente ataque enemigo.

Septiembre llegó a su fin y varios de los oficiales superiores, seleccionados en el orden en que se unieron a la división, fueron enviados de regreso a los Estados Unidos. Proporcionarían entrenamiento y organización a un nuevo nivel de experiencia en combate con las nuevas unidades del Cuerpo de Marines que se estaban formando. El componente aéreo no estaba listo para devolver a sus experimentados pilotos a la retaguardia. El conocimiento de combate vital que poseían era necesario en la línea de entrenamiento. Pero ellos, los supervivientes, pronto rotarían de regreso a la retaguardia, algunos para un descanso y recuperación muy necesarios antes de regresar al combate y otros para liderar nuevos escuadrones en la lucha.

Ofensiva Japonesa sobre el Sendero Maruyama

EL 30 DE SEPTIEMBRE, un B-17 que transportaba al Almirante Nimitz hizo un aterrizaje de emergencia en el aeródromo de Henderson. El Almirante aprovechó la oportunidad. Hizo un recorrido por el frente, vio la Cresta Sangrienta de Edson y habló con varios marines. Reafirmó al General Vandegrift que la misión principal era mantener el aeródromo. Otorgó Cruces de la Armada a varios infantes de marina, incluido el General Vandegrift, y prometió todo el apoyo que pudiera brindar. Se fue al día siguiente visiblemente animado por lo que había visto.

El siguiente asalto de los marines implicó un castigador regreso a Matanikau. Whaling comandó cinco batallones de infantería junto con sus hombres en los Marines 3/2. Surgió tierra adentro, despejando el camino para el 7º de la infantería de marina. Su objetivo era atravesar y enganchar hacia la costa, destruyendo a los japoneses a lo largo del Matanikau. Los batallones segundo y tercero del Coronel Hudson estaban listos para atacar a través de la desembocadura del río. El resto de la artillería de la división estaba posicionada para disparar en rol de apoyo.

La fuerza de caza de Whaling se trasladó a la jungla río arriba del Matanikau. Se encontraron con tropas japonesas que hostigaban a sus elementos avanzados, pero no con la fuerza suficiente para detener el avance. Pasaron por alto al enemigo y cavaron en busca de la noche. Detrás de él estaba el séptimo de la infantería de marina, preparado para moverse a través de las líneas, cruzar el río y atacar al norte hacia los japoneses. El 5º Batallón de Asalto de los Marines avanzó hacia el Matanikau. Chocaron con los japoneses en fuerza a menos de cuatrocientas yardas del río.

Se habían topado con un fuerte elemento de avanzada del 4º Regimiento japonés, que había cruzado el Matanikau para establecer una base desde la que pudieran disparar artillería hacia el perímetro de la Infantería de Marina. La lucha fue intensa. A pesar de que el 2º Batallón encontró poca resistencia y se abrió paso hacia la orilla del río, giraron hacia el norte. Golpearon el flanco interior de las tropas enemigas. El General Vandegrift envió una compañía de asalto hacia adelante para reforzar el quinto y mantener una posición de espera hacia la playa.

El 8 de octubre, llovió durante todo el día, deteniendo prácticamente todo el avance. No detuvo la lucha cuerpo a cuerpo en las posiciones de los japoneses. Cuando las tropas enemigas se retiraron, intentaron escapar de los infantes de marina que los rodeaban. Se estrellaron contra la posición de las tropas de asalto cerca de su ruta de escape. Continuó un salvaje combate cuerpo a cuerpo, y solo unos pocos japoneses se abrieron paso para cruzar el río. El resto murió luchando.

Al día siguiente, la fuerza de Whaling, flanqueada por el segundo y el séptimo de marines, cruzó el Matanikau. Giraron y continuaron avanzando, siguiendo las crestas hasta el mar. El batallón de Puller descubrió a varios japoneses en un barranco al frente, disparó sus morteros y llamó a la artillería. Sus hombres utilizaron rifles y ametralladoras para eliminar a las tropas enemigas que intentaban escapar. Cuando sus municiones se agotaron, Puller empujó tierra adentro hacia la playa para unirse con la fuerza de Whaling, que no había encontrado oposición. Luego, los marines volvieron a cruzar el río Matanikau, se unieron a las tropas del Coronel Edson y marcharon de regreso al perímetro. Dejaron un fuerte puesto de combate en el Matanikau ahora libre de japoneses. Vandegrift, informado por fuentes de inteligencia de que un gran ataque japonés venía desde el oeste, consolidó sus posiciones.

No dejó ninguna fuerza de la infantería de marina considerable a más de un día de marcha desde el perímetro. El avance de los marines el 8 de octubre había frustrado los planes japoneses de un ataque temprano y le había costado al enemigo más de setecientos muertos. Los infantes de marina también pagaron un alto precio, 65 muertos y 130 heridos.

La enfermedad estaba matando hombres en un número igual al de las bajas en batalla. Calambres estomacales paralizantes conocidos como gastroenteritis y otras infecciones por hongos tropicales como la "pudrición de la jungla", infame por erupciones incómodas en las axilas, codos, pies y entrepiernas de los hombres, producto de raras veces estar secos. Si no llovía, el sudor proporcionaba la humedad. Junto con esto, llegaron cientos de casos de malaria. Las tabletas de Atabrine fueron un alivio. Además de tornar la piel amarilla, no fueron lo suficientemente efectivas para detener la propagación de la infección transmitida por mosquitos. Los ataques de malaria se estaban volviendo tan severos que causaban nada menos que una postración completa, convirtiéndose en una caja de arena, podían necesitar ser hospitalizados. Estas enfermedades afectaron a los hombres que llevaban más tiempo en la isla, especialmente a los que vivieron los primeros días con raciones escasas. El General Vandegrift sugirió que cuando sus hombres fueran relevados, no deberían ser enviados a otro hospital de una isla tropical, sino a un lugar donde hubiera un cambio genuino de atmósfera y clima. Pidió que se considerara a Wellington o Auckland en Nueva Zelanda.

En las circunstancias actuales, no hubo alivio para los hombres que comenzaban su tercer mes en Guadalcanal. Los japoneses no abandonaron su plan de recuperar Guadalcanal y dieron pruebas dolorosas de sus intenciones a mediados de octubre. El General Hyakutake aterrizó en Guadalcanal para supervisar la ofensiva imperial japonesa. Los elementos de la División *Sendai* del General Maruyama ya eran un factor en los combates cerca del río Matanikau. Se acercaban más tropas enemigas. Los japoneses se estaban aprovechando de que los aviadores de la Fuerza Aérea Cactus no tenían capacidad de ataque nocturno. Planearon asegurarse de que ningún avión se elevara desde Guadalcanal para recibirlos.

El 11 de octubre, los barcos de superficie de la Armada de los EE. UU. Ayudaron a detener el "Expreso de Tokio". El apodo que se le dio al Almirante Tanaka como refuerzo casi nocturno por su fuerza de cobertura de cinco cruceros y destructores. El Almirante Scott, que comandaba la isla Renell, se enteró de que los barcos enemigos se acercaban a Guadalcanal.

La misión del Almirante Scott era proteger un convoy de refuerzos que se acercaba. Navegó a la velocidad del flanco ansioso por enfrentarse al enemigo. Encontró más barcos de lo esperado, tres cruceros pesados y dos destructores, así como seis destructores que escoltaban dos transportes de hidroaviones. El Almirante Scott maniobró entre el cabo Esperance y la isla Savo, el extremo occidental de Guadalcanal. Se enfrentó al grupo de bombardeo de frente.

Alertado desde el avión de exploración en su buque insignia, San Francisco, el avistamiento se confirmó más tarde por radar en el Helena. Los estadounidenses pudieron abrir fuego primero porque los japoneses no tenían radar y no sabían de su presencia. Cuando el destructor enemigo japonés se hundió inmediatamente, dos cruceros resultaron gravemente dañados. Otro crucero y un destructor restante se alejaron del intenso infierno del fuego estadounidense. La propia fuerza del Almirante Scott fue castigada por el fuego enemigo, que dañó dos cruceros y dos destructores, uno de los cuales, el Duncan, se hundió al día siguiente. Los pilotos de la Fuerza Aérea Cactus vieron a dos escoltas de destructores de refuerzo que se retiraban y los hundieron a ambos. Llamada La Batalla de Cabo Esperance, sería contada como una victoria naval estadounidense, una muy necesaria.

Un bienvenido convoy de refuerzo llegó a la isla el 13 de octubre cuando arribó el 164º Regimiento de Infantería de la recién formada División Americal. Estos soldados eran miembros de un equipo de la Guardia Nacional de Dakota del Norte. Estaban equipados con rifles Garand M1, un arma de la que la Mayoría de los marines en el extranjero solo habían oído hablar. La velocidad de disparo del Garand semiautomático superaba al Springfield de cerrojo y disparo único que llevaban los marines y a los rifles de cerrojo que llevaban los japoneses. La Mayoría de los marines de la 1ª División creían que sus Springfield eran más precisos y una mejor arma. Esto no impidió que algunos marines de dedos ligeros adquirieran estas nuevas armas cuando se presentaba la ocasión. Tal oportunidad surgió cuando los soldados estaban desembarcando y los suministros se trasladaban a los puntos de almacenamiento.

Vuelos de bombarderos japoneses aparecieron sobre el campo Henderson, protegidos por aviones defensores de combate, y comenzaron a lanzar bombas. Los soldados se dirigieron a cubrirse, y los marines alerta, acostumbrados al bombardeo, utilizaron ese intervalo para "liberar" interesantes cajas y paquetes. La noticia de la llegada del Ejército se extendió por la isla como un reguero de pólvora. Había esperanza. Significaba que los marines podrían eventualmente ser relevados.

Si el bombardeo no fue suficiente dolor, los japoneses rociaron el aeródromo con sus obuses de 150 mm. Los hombres de la 164, comandados por el Coronel Robert Hall, recibieron una ruda bienvenida a Guadalcanal. Esa noche, 13 de octubre, compartieron una experiencia aterradora con los marines que nadie olvidaría jamás.

Los japoneses imperiales estaban decididos a noquear el campo Henderson para proteger a sus soldados que aterrizaban con fuerza al oeste de Koli Point. El comandante enemigo envió los acorazados *Kongo* y *Haruna* a *Ironbottom Sound* para bombardear las posiciones de los marines. Los aviones de bengala japoneses señalaron el bombardeo, setenta y cinco minutos de puro infierno, proyectiles de 14 pulgadas explotando con un efecto tan devastador que incluso el fuego de los cruceros apenas se notaba.

Ningún lugar era seguro. Nadie estaba a salvo. Ningún refugio podría resistir la furia de los proyectiles de 14 pulgadas. Un veterano experimentado que solía ser tranquilo bajo el fuego enemigo dijo que nada era peor en la guerra que estar indefenso en el extremo receptor de los disparos navales. "Árboles enormes cortados en pedazos y volando como palillos de dientes", dijo.

El aeródromo y el área circundante estaban reducidos a un caos ardiente cuando amaneció. El bombardeo naval, el fuego de artillería y los bombardeos dejaron al comandante de la Fuerza Aérea Cactus, el General Geiger, con solo un puñado de aviones aún en funcionamiento. El aeródromo de Henderson estaba ahora lleno de cráteres de proyectiles y bombas, y un número de cuarenta y un muertos. Los aviadores de la Fuerza Aérea Cactus tuvieron que atacar porque la mañana reveló una costa y un mar llenos de atractivos objetivos.

Los transportes japoneses y las lanchas de desembarco se habían abierto paso. El enemigo estaba ahora en todas partes cerca de Tassafaronga. Los cruceros y destructores de escolta habían demostrado ser una formidable pantalla antiaérea. Todos los aviones estadounidenses que podían volar estaban en la lucha. El ayudante del General Geiger, el Mayor Jack Cram, despegó, en el General PBY, equipado con dos torpedos. Puso uno en el costado de un transporte enemigo mientras descargaba. Un nuevo escuadrón de F4F participó en la acción del día.

Aterrizó, repostó y despegó de nuevo para unirse a la lucha. Después de una hora, cuando aterrizó de nuevo, tuvo cuatro muertes por bombarderos enemigos. Bauer, dio cuenta por más de veinte derribos de aviones japoneses y participó en batallas aéreas posteriores, murió en acción. Fue galardonado póstumamente con la Medalla de Honor junto con otros cuatro pilotos de la Marina de los primeros días de la Fuerza Aérea Cactus.

El General Hyakutake creía que los japoneses habían desembarcado suficientes tropas para destruir la cabeza de playa ocupada por los marines y tomar el aeródromo. Aprobó el objetivo del General Maruyama de mover a la Mayor parte de la División *Sendai* fuera de la vista a través de la jungla sin enfrentarse a los marines. Debían atacar al sur cerca de la Cresta de Edson. Con siete mil hombres, cada uno con un mortero o un proyectil de artillería, caminaron por el sendero Maruyama. El General Maruyama había aprobado el nombre de la pista para mostrar su profunda confianza. Tenía la intención de apoyar este ataque con cañones de infantería y morteros pesados: obuses de carga de 70 mm. Los hombres tuvieron que empujar, halar y arrastrar los cañones de apoyo sobre kilómetros de terreno accidentado, dos arroyos principales, el Matanikau y el Lunga, y a través de la espesa maleza, en el camino de su comandante hacia la gloria.

El General Vandegrift sabía que los japoneses iban a atacar. Las patrullas y los vuelos de reconocimiento habían demostrado que el empuje vendría del oeste, donde habían aterrizado los refuerzos enemigos. El comandante estadounidense cambió de actitud. Ahora había tropas japonesas al este del perímetro, pero no con una fuerza considerable. El 164º Regimiento de Infantería, reforzado por la Unidad de Armas Especiales de la Infantería de Marina, se puso en la lucha para mantener el flanco este de entre sesenta y seiscientos metros.

Tomaron una curva hacia el interior para encontrarse con el séptimo de la infantería de marina cerca de la Cresta de Edson. El séptimo de la infantería de marina mantenía dos mil quinientos metros de la cresta hasta el Lunga. Desde el Lunga, el 1º de la infantería de marina tenía un sector de selva de 3.500 metros que corría hacia el oeste hasta el punto de la línea que se curvaba de nuevo hacia la playa en el sector del 5º de la Infantería de Marina. Dado que se esperaba el ataque desde el oeste, los infantes de marina del 3er Batallón mantuvieron una fuerte posición de avanzada delante de las líneas del 1ero de la infantería de marina a lo largo de la ribera este del Matanikau.

En la pausa antes del ataque, si los bombardeos de cruceros destructores japoneses, el hostigamiento de la artillería y los ataques con bombarderos podían calificarse en pausa, el General Vandegrift recibió la visita del comandante de la Infantería de Marina, el Teniente General Thomas Holcomb. El comandante voló el 21 de octubre para ver por sí mismo cómo les estaba yendo a los marines. Resultó ser una ocasión para que ambos marines de alto nivel conocieran al nuevo comandante del Pacífico Sur, el Almirante "Bull" Halsey. El Almirante Nimitz había anunciado el nombramiento de Halsey el 18 de octubre. La noticia fue bienvenida en las filas de la Marina y la Armada en todo el Pacífico.

La bien merecida reputación de agresividad de Halsey prometía renovar la atención a la situación en Guadalcanal. El día 22, Holcomb y Vandegrift volaron a Noumea para encontrarse con Halsey. Dieron una ronda de sesiones informativas sobre la situación de los Aliados. Después de que Vandegrift describiera su posición, argumentó en contra del desvío de refuerzos destinados a la Fuerza Aérea Cactus a cualquier otro lugar del Pacífico Sur. Argumentó que necesitaba toda la División Americal y otros dos regimientos de la División de Marines para reforzar sus fuerzas. También dijo que más de la mitad de sus veteranos estaban agotados por más de tres meses de luchar contra

OPERATION WATCHTOWER 43

los estragos de las enfermedades provocadas por la selva. El Almirante Halsey le dijo al General del Cuerpo de Marines:

"Regrese allá, Vandegrift. Prometo conseguirle todo lo que tengo."

Cuando el General Vandegrift regresó a Guadalcanal, el Almirante Holcomb se trasladó a Pearl Harbor para reunirse con el Almirante Nimitz. Trajo consigo la recomendación de Halsey de que los comandantes de las fuerzas de desembarco, una vez establecidos en tierra, tendrían el mismo estatus de mando que los comandantes de las fuerzas anfibias de la Armada. En Pearl Harbor, el Almirante Nimitz aprobó las recomendaciones de Halsey al igual que en Washington. Esto significó que el estado de mando de todas las futuras operaciones anfibias del Pacífico fue determinado por los eventos de Guadalcanal.

Otra noticia que Vandegrift recibió de Holcomb fue que si el Presidente Roosevelt no lo volvía a nombrar (lo que probablemente se debería a su edad), recomendaría que Vandegrift fuera designado como el próximo Comandante de la Infantería de Marina. Esa noticia no desvió la atención de Vandegrift cuando voló de regreso a Guadalcanal. Los japoneses estaban en medio de su ofensiva. Una patrulla enemiga acompañada por dos tanques el día 20 trató de encontrar un camino a través de la línea mantenida por los Marines 3/1. Un equipo de disparos de 37 mm de precisión derribó un tanque de plomo y la fuerza del enemigo retrocedió. Mientras tanto, bombardeaban con artillería las posiciones de los marines.

Al atardecer del día siguiente, los japoneses lo intentaron de nuevo, esta vez con más fuego de artillería y más tanques en la refriega. Pero nuevamente, un cañón de 37 mm noqueó el tanque de plomo y desalentó el ataque. El 22 de octubre, el enemigo hizo una pausa, esperando que la fuerza del General Maruyama llegara tierra adentro. El 23 estaba planeado como el día del principal asalto japonés. Lanzaron una fuerte lluvia de fuego de artillería y mortero sobre posiciones de los marines cerca de la desembocadura del río Matanikau. Al anochecer, nueve tanques medianos de 18 toneladas salieron de los árboles a los bancos de arena del río. Ocho de ellos fueron salpicados por los 37 mm. Un tanque logró cruzar el río, un infante de marina hizo volar su pista con una granada y una semioruga de 75 mm fue destruida en las olas del océano. La infantería enemiga restante fue aniquilada por el fuego de artillería de los marines. Cientos de bajas japonesas y tres tanques más fueron destruidos. Un posterior empuje hacia el interior río arriba fue rechazado. El ataque costero no hizo nada a la ofensiva isleña del General Maruyama. Esto hizo que Vandegrift moviera un batallón, el 2° Batallón del 7° de la infantería de marina, al espacio de cuatro mil yardas entre el perímetro y la posición de Matanikau. Esta medida resultó útil ya que uno de los ataques del General Maruyama se dirigió directamente a esa área.

Aunque las patrullas no habían encontrado a ningún japonés al sur o al este del perímetro de la jungla hasta el 24, estos intentos habían alertado a todos. El General Maruyama estaba satisfecho de que sus hombres habían luchado para obtener las posiciones de asalto apropiadas después de retrasar el ataque durante treinta y tres días. Inició su asalto el 24 de octubre, pero los marines estaban esperando. Un observador vio a un oficial enemigo inspeccionando la Cresta de Edson el día 24. Los francotiradores exploradores informaron que el humo de los incendios de arroz se elevaba desde el valle a dos millas al sur de las posiciones del "Pechudo" Puller. Seis batallones de la división japonesa de *Sendai* estaban listos para atacar. Cerca de la medianoche, los primeros elementos del enemigo golpearon y pasaron por alto un puesto avanzado del tamaño de un pelotón delante de las marañas de alambre de púas de Puller. Los hombres de Puller esperaron, esforzándose por ver a través de la noche oscura bajo la lluvia torrencial. Cuando los japoneses salieron de la jungla atacando el área de Puller cerca de la cresta en el terreno llano al este, los marines reaccionaron con todo lo que tenían. Llamaron a la artillería, dispararon morteros y se basaron en gran medida en cruzar campos de fuego de ametralladoras para derribar a los soldados de infantería enemigos. Los morteros, la artillería y otros armamentos de apoyo japoneses fueron arrojados a lo largo del sendero Maruyama. Habían demostrado ser una carga demasiado pesada para los soldados de infantería.

Eso abrió una brecha en las líneas de los marines. Pero todo se enderezó con repetidos contraataques. Puller se dio cuenta de que su batallón estaba siendo alcanzado por una fuerte fuerza japonesa capaz de repetidos ataques. Solicitó refuerzos. Se ordenó al 3er Batallón del Ejército del 164º de Infantería, que avanzara. Los hombres se deslizaban y resbalaban bajo la lluvia mientras caminaban una milla al sur a lo largo de la Cresta de Edson. Puller se reunió con el Coronel Robert Hall a la cabeza de la columna, y recorrieron las líneas de los marines separando los escuadrones del ejército uno a la vez para alimentar las líneas. El enemigo volvió a atacar durante toda la noche. Los infantes de marina y los soldados lucharon juntos.

A las 03.30, el batallón del Ejército estaba completamente asimilado a las líneas de la infantería de marina 1/7, y los ataques enemigos se debilitaban. Los estadounidenses respondieron al fuego. Utilizaron fuego de flanqueo de ametralladoras y los cañones de 37 mm que quedaban en las posiciones ocupadas por el 2º Batallón y el 164º de Infantería a la izquierda de Puller. Cerca del amanecer, el General Maruyama hizo retroceder a sus hombres para reagruparse y prepararse para atacar de nuevo.

Al amanecer, Puller y Hall reordenaron las líneas. Colocaron al 2º Batallón y al 164º en sus propias posiciones en el flanco izquierdo de Puller. Las lluvias torrenciales habían convertido al Campo Henderson en un atolladero. Esto puso a tierra los volantes de la Fuerza Aérea Cactus. Los aviones japoneses utilizaron este "viaje gratis" para bombardear posiciones de los marines. El fuego de artillería enemiga continuó junto con un par de destructores japoneses que se agregaron al bombardeo hasta que se acercaron demasiado a la costa. Los cañones de 5 pulgadas del 3er Batallón de Defensa los repelieron. Cuando salió el sol, las pistas se secaron y los cazas Cactus de la Fuerza Aérea se enfrentaron a los ataques del enemigo por la tarde, derribando veintidós aviones japoneses con solo tres pérdidas.

Cuando llegó la noche de nuevo, el General Maruyama intentó más de lo mismo con el mismo resultado. Las líneas de la infantería de marina / Ejército resistieron, y los japoneses fueron abatidos en masa por fusiles, morteros, ametralladoras, 37 mm y fuego de artillería desde el oeste. Los japoneses lanzaron tres ataques contra posiciones ocupadas por los marines 2/7. El enemigo rompió las posiciones ocupadas por la Compañía F. Y, aun así, un contraataque dirigido por el Jefe de Operaciones del batallón ahuyentó a los japoneses nuevamente a la luz del día. Las posiciones estadounidenses estaban aseguradas y el enemigo se había retirado. Ellos no regresarían. La ofensiva imperial japonesa que usaba la División *Sendai* fue derrotada.

Más de tres mil quinientas tropas imperiales japonesas murieron durante esos ataques. El alarde del General Maruyama de que "exterminaría a los estadounidenses enemigos alrededor del aeródromo de un solo golpe" había resultado en vano. El resto de su fuerza regresó cojeando por el sendero Maruyama, en su Mayoría hombres heridos. Los soldados, y los marines juntos, tuvieron poco menos de trescientos hombres fallecidos y heridos.

Los registros existentes son esquemáticos e incompletos. Un resultado de la batalla fue una cálida bienvenida a la 164ª Infantería de la 1ª División de la infantería de marina. Vandegrift elogió al batallón del Coronel Hall y dijo:

"*La División estaba orgullosa de haber servido con otra unidad que había resistido la prueba de la batalla*".

A través de la heroicidad de dos noches de constantes y brutales luchas, varios infantes de marina fueron seleccionados para su reconocimiento. Dos infantes de marina destacados fueron el Sargento John Bass de los Marines 1/7 y el Sargento Mitchell Paige del 2.º Batallón. Ambos infantes de marina eran líderes de la sección de ametralladoras reconocidos por haber actuado más allá del llamado del deber en las inspiradoras palabras de sus menciones de la Medalla de Honor.

Peleando la Retirada en la playa

MIENTRAS LOS INFANTES de marina y los soldados luchaban contra los japoneses en tierra, un avión de patrulla avistó una flota japonesa considerable cerca de las islas Santa Cruz, al este de las Islas Salomón. La fuerza enemiga era formidable para los acorazados y los portaaviones con veintiocho destructores y ocho cruceros. El Almirante Halsey estaba preparado para un ataque victorioso después de la captura del Campo Henderson. Hizo una señal al Almirante Kincaid, con los grupos de portaaviones Hornet y Enterprise, y les ordenó atacar.

El 26 de octubre, aviones estadounidenses localizaron a los portaaviones japoneses. La cabina de vuelo del japonés *Zuiho* fue dañada por los bombarderos exploradores, cancelando sus operaciones de vuelo. Pero otros tres portaaviones lanzaron ataques. Un combate aéreo rugió en lo alto mientras los aviones de cada lado se esforzaban por alcanzar los portaaviones del contrincante. El Hornet fue alcanzado repetidamente por torpedos y bombas. Dos pilotos japoneses estrellaron sus aviones contra la cubierta. El daño al barco fue tan grande que el Hornet fue abandonado y hundido. También fueron alcanzados el Enterprise, el acorazado South Dakota, el crucero ligero San Juan y el destructor Smith. El destructor Porter fue hundido. En el lado japonés, no se hundieron barcos. Tres portaaviones y dos destructores resultaron dañados. Se perdieron cien aviones japoneses. Setenta y cinco aviones estadounidenses cayeron. Esto se consideró un punto muerto. La Armada Imperial Japonesa podría haber continuado con sus ataques, pero se desanimó por la derrota de sus fuerzas terrestres y se retiró para atacar otro día.

La salida de la fuerza naval enemiga marcó un período en el que importantes refuerzos llegaron a la isla. El cuartel General de la 2da de la Infantería de Marina encontró espacio de transporte para llegar desde Espíritu Santo el 29 de octubre. El Coronel Arthur trasladó su regimiento de Tulagi a Guadalcanal, cambiando al 1° y 2° Batallón por la bien ensangrentada 3ra División, que asumió las funciones de Tulagi. Los segundos batallones de la infantería de marina en Tulagi habían realizado la tarea de explorar y asegurar todas las pequeñas islas del grupo de Florida. Estaban frustrados, solo pudieron ver las batallas que tenían lugar a través del Canal Sealark. Estos marines ahora podrían participar en el gran espectáculo.

Aviones estadounidenses volaron hacia los campos de cactus desde la isla de Nueva Caledonia. Escuadrones de cazas MAG-11 avanzaron desde Nueva Caledonia hasta Espíritu Santo para estar más cerca de la batalla. Los escalones de vuelo ahora podrían operar hacia Guadalcanal con relativa facilidad. Dos baterías de cañones de 155 mm llegaron el 2 de noviembre, proporcionando a Vandegrift sus primeras unidades de artillería capaces de igualar los cañones de 150 mm de largo alcance del enemigo. El 8° de la infantería de marina había llegado de la Samoa Americana. El regimiento de fuerza completa, reforzado por los obuses de 75 mm del 1° Batallón, 10° de la Infantería de Marina, agregó otros cuatro mil hombres a las fuerzas de defensa. Estas tropas frescas reflejaron un énfasis renovado en todos los niveles de mando, asegurando que Guadalcanal aguantaría sin importar el costo. Se estaba llenando la tubería de refuerzo / reemplazo. Llegó el resto de la 2ª División de la infantería de marina y la 25ª División de Infantería del Ejército. Se programaron más aviones de todo tipo de fuentes estadounidenses y aliadas para reforzar y reemplazar a los cansados veteranos de la Fuerza Aérea Cactus.

El aumento del ritmo de refuerzos fue proporcionado por el Presidente Roosevelt. Cortando las demandas de las fuerzas estadounidenses en todo el mundo, dijo a cada uno de los Jefes Conjuntos, el 24 de octubre, que Guadalcanal debía ser reforzado de inmediato. El ritmo operativo en Guadalcanal no disminuyó después de que la ofensiva japonesa fue rechazada. El General Vandegrift quería despejar el área inmediatamente al oeste del Matanikau de todas las tropas, evitando otra acumulación de fuerzas atacantes. El expreso de Tokio del Almirante Tanaka seguía funcionando a pesar de los duros ataques de la fuerza aérea Cactus y de los torpederos a motor estadounidenses que ahora tenían su base en Tulagi.

Del 1ro al 5 de noviembre, los infantes de marina respaldados por los segundos marines recién llegados, atacaron a través de puentes que los ingenieros habían tendido sobre el río Matanikau la noche anterior. Tierra adentro, el Coronel Whaling dirigió a sus francotiradores exploradores en un movimiento de detección con el ataque principal para proteger el flanco. La oposición fue feroz en el área de la costa donde avanzaron hacia Point Cruz, pero el grupo de Whaling encontró poca resistencia. Al caer la noche, cuando los marines se atrincheraron, la única fuerza enemiga considerable estaba en el área de Point Cruz. En los días de amargos combates, el cabo Anthony Casamento, un líder de escuadrón de ametralladoras gravemente herido en el 1er Batallón de Edson, se distinguió tan bien que fue recomendado para una Cruz Naval. Muchos años después, en agosto de 1980, el Presidente Jimmy Carter aprobó el premio a la Medalla de Honor en su lugar.

El ataque continuó con el 3er Batallón de reserva moviéndose hacia la lucha y las 3/5 unidades de la Infantería de Marina moviéndose para rodear a los defensores enemigos. El 3 de noviembre, el bastión japonés al oeste de la base en Point Cruz fue eliminado. Habían muerto más de trescientos soldados enemigos. Los infantes de marina encontraron una ligera resistencia y avanzaron lentamente a través del terreno

OPERATION WATCHTOWER 51

accidentado mil yardas más allá de la acción del quinto de infantes de marina.

Los objetivos ofensivos parecían bien controlados y el avance se detuvo. La inteligencia informó que se estaba llevando a cabo un importante intento de refuerzo del enemigo. El General Vandegrift hizo retroceder a la Mayoría de sus hombres para proteger el perímetro del aeródromo. Esta vez dejó un regimiento para poner a avanzada el terreno que había ganado. El 2º de la Infantería de Marina del Coronel Arthur reforzó al 164º de Infantería del Ejército.

El General Vandegrift enfatizó la necesidad de ser cauteloso porque los japoneses fueron descubiertos nuevamente con fuerza, al este del perímetro. El 3 de noviembre. Los infantes de marina 2/7 del Coronel Hanneken en un reconocimiento en fuerza hacia Koli Point, pudieron ver los barcos japoneses agrupados, a ocho millas del perímetro. Sus hombres encontraron una fuerte resistencia japonesa de tropas frescas y se retiraron. Un regimiento de la 38ª División del enemigo aterrizó cuando Hyakutake utilizó a la Armada japonesa para atacar el perímetro desde ambos flancos.

El batallón de Hanneken ejecutó una retirada de combate a lo largo de la playa. Tomaron fuego de la jungla tierra adentro. Pronto se formó una fuerza de rescate compuesta por dos compañías de tanques, los Marines 1/7 y el 2º y 3º Batallones del 164º de Infantería. Las tropas japonesas, miembros del Regimiento de la 38ᵛᵃ División y restos de la brigada de Kawaguchi, lucharon por mantener el terreno mientras los marines y el ejército estadounidenses avanzaban a lo largo de la costa. Los infantes de marina y los soldados intentaron flanquear al enemigo en la jungla. Esta batalla duró días, apoyada por la fuerza aérea Cactus, disparos navales y los cañones de 155 mm recién desembarcados.

El comandante japonés recibió nuevas órdenes mientras luchaba por contener a los estadounidenses. Debía moverse tierra adentro y romper la acción en marzo para reunirse con las principales fuerzas japonesas al oeste del perímetro, una tarea difícil de cumplir. Ese ataque de dos frentes había sido abandonado. Los japoneses lograron la 1ra parte. Los soldados japoneses encontraron una brecha en la línea 164 y se abrieron paso a lo largo de un arroyo serpenteante en la jungla. Dejaron 450 muertos a lo largo de una batalla de siete días. El Ejército y la Infantería de Marina habían sufrido cuarenta muertos y ciento veinticinco heridos. Los soldados enemigos que escaparon de los estadounidenses que los rodeaban cayeron a peores circunstancias.

El Almirante Turner había empleado uno de sus varios planes para aterrizajes alternativos y cabezas de playa. A todo lo cual se opuso el General Vandegrift. En la bahía de Aola, sesenta kilómetros al este del perímetro principal, la Armada puso en tierra una fuerza de construcción y defensa de un aeródromo el 4 de noviembre. Mientras los japoneses todavía estaban luchando contra los marines cerca de Tetere, Vandegrift persuadió a Turner para que separara parte de su fuerza de aterrizaje, el 2do Batallón Raider, para barrer hacia el oeste y destruir cualquier fuerza enemiga que encontrara.

El batallón de asalto del Coronel Carlson ya había entrado en acción antes de llegar a Guadalcanal. Otras dos compañías habían reforzado a los infractores de Midway Island cuando los japoneses atacaron en junio. El resto del batallón aterrizó en las islas Macon y destruyó la guarnición. Por su participación en la lucha, el Sargento. Clyde Thomason recibió una Medalla de Honor, el primer infante de marina alistado en recibir el premio más alto de su país en la Segunda Guerra Mundial.

Marchando desde la bahía de Aola, el segundo batallón de asalto se encontró con los japoneses que intentaban retirarse hacia el oeste. El 12 de noviembre, los efectivos rechazaron los ataques de dos compañías enemigas. Persiguieron a los japoneses, luchando contra una serie de

OPERATION WATCHTOWER

pequeñas escaramuzas durante los siguientes cinco días antes de hacer contacto con la principal fuerza japonesa. Durante dos semanas, los efectivos bajaron de las crestas de la jungla al perímetro, hostigando al enemigo en retirada. Mataron a más de quinientos soldados japoneses. Sus pérdidas ascendieron sólo a dieciséis muertos y dieciocho heridos. Esta misión en la bahía de Aola proporcionó al segundo batallón de asalto un punto de partida para su campaña de un mes en la jungla, pero resultó ser un fracaso. El sitio elegido para un aeródromo era inaceptable, demasiado húmedo e inestable. Toda la fuerza se trasladó a Koli Point a principios de diciembre, donde se construyó otro aeródromo.

Continuó la preparación en Guadalcanal. El 11 de noviembre, custodiado por una fuerza de cobertura de destructores / cruceros, un convoy fue atacado por bombarderos enemigos. Tres transportes fueron alcanzados, pero los hombres lograron arribar. Estos hombres eran muy necesarios. Los veteranos del General Vandegrift en Guadalcanal estaban listos para ser reemplazados.

Los casos de malaria promediaban más de mil por semana además de las enfermedades relacionadas. Los soldados enemigos que habían estado en la isla durante mucho tiempo no estaban en mejor forma. Las raciones y los suministros médicos escaseaban. Todo el impulso del esfuerzo de refuerzo japonés continuó para llevar tropas y equipo de combate a tierra. En Tokio, prevaleció la idea de que, a pesar de todas las pruebas en contrario, un asalto coordinado abrumador aplastaría la resistencia estadounidense. El impulso enemigo para tomar Port Moresby, Nueva Guinea, se suspendió para poner todo su empeño en expulsar a los estadounidenses de Guadalcanal.

El 12 de noviembre, las fuerzas navales japonesas convergieron en Guadalcanal para cubrir el desembarco del cuerpo principal de la 38va División. Los cruceros y destructores del Almirante Callahan se acercaron para enfrentarse al enemigo. Los avistamientos de aviones exploradores y vigilantes costeros y las interceptaciones de radio identificaron dos portaaviones, dos acorazados, cuatro cruceros y una gran cantidad de destructores que se dirigían hacia Guadalcanal. Los acorazados estaban liderados por el *Hiei* y el *Kirishima* con el crucero ligero *Nagura*, y quince destructores encabezaron el bombardeo y el ataque.

Justo después de la medianoche, los cruceros de Callahan detectaron a los japoneses en el radar y continuaban acercándose. La batalla se libró a tan corta distancia que cada bando disparó contra sus propios barcos. El buque insignia de Callahan, San Francisco, fue alcanzado quince veces. Callahan fue asesinado; su barco se alejó cojeando. El crucero Atlanta también fue alcanzado e incendiado. El Almirante Scott, que estaba a bordo, fue asesinado. A pesar del martilleo del fuego japonés, los estadounidenses aguantaron y continuaron luchando. El acorazado *Hiei* fue alcanzado por más de ochenta proyectiles. Muy dañado, se retiró y con él el resto de la fuerza de ataque. Cuatro destructores resultaron dañados y otros tres hundidos. Los estadounidenses lograron su propósito. Habían obligado a los japoneses a retroceder. Pero el costo fue elevado. Se hundieron dos cruceros antiaéreos, el *Juneau* y el *Atlanta*. Para los destructores, el *Laffey*, el *Monssen*, el *Cushing* y el *Barton* también se fueron al fondo del mar. También resultaron dañados el *San Francisco*, el crucero pesado *Portland* y los destructores *Sterret* y *Aaron Ward*. Solo un destructor de los trece barcos estadounidenses comprometidos, el Fletcher, salió ileso cuando los supervivientes se retiraron a las Nuevas Hébridas.

Al amanecer llegaron los bombarderos y cazas Cactus. Atacaron al lisiado *Hiei* golpeándolo sin piedad. Los japoneses se vieron obligados a hundirlo el día 14. El Almirante Halsey ordenó a su único portaaviones superviviente, el Enterprise, que saliera de Guadalcanal para ponerlo fuera del alcance de los aviones japoneses. Envió sus acorazados Dakota del Sur y Washington, y escoltó a los destructores hacia el norte para encontrarse con los japoneses. Algunos de los aviones de la Enterprise volaron al campo Henderson para ayudar a igualar las probabilidades.

El 14 de noviembre, los aviadores Cactus y Enterprise encontraron una fuerza de crucero / destructor japonés que había atacado la isla la noche anterior. Dañaron cuatro cruceros y un destructor. Rápidamente reabastecieron de combustible y se rearmaron y fueron a la caza del convoy de tropas japonesas que se acercaba. Chocaron con varios transportes y hundieron uno. Los B-17 del Ejército de Espíritu Santo anotaron un impacto allí y varios impactos cercanos, bombardeando desde más de 17.000 pies. En un patrón persistente de ataque, regreso, repostaje, rearme y reanudación, los aviones de Guadalcanal chocaron contra nueve transportes y hundieron siete. Muchos de los cinco mil soldados en los barcos dañados fueron rescatados por los destructores de Tanaka.

Los japoneses dispararon furiosamente y colocaron cortinas de humo para proteger los transportes. El General Tanaka recordó más tarde:

"Las bombas se bamboleaban desde los B-17 que volaban a gran altura, los bombarderos rugían hacia los objetivos como si fueran a sumergirse de lleno en el agua, soltando bombas y saliendo apenas a tiempo; cada falla enviaba imponentes columnas de niebla y rocío; cada golpe levantaba nubes de humo y fuego".

A pesar del intenso ataque, Tanaka continuó hacia Guadalcanal con cuatro transportes y cuatro destructores. La inteligencia imperial japonesa se enteró de la fuerza de acorazados estadounidenses que se aproximaba y se apresuró a advertir a Tanaka. Los Almirantes japoneses enviaron su propia fuerza de cruceros / acorazados para interceptarlos. Los estadounidenses liderados por el Almirante Lee en el Washington, llegaron al Canal Sealark a las 2100 del día 14. Un crucero japonés fue detectado al norte de la isla de Savo una hora más tarde, y el fuego de un acorazado lo repelió. Los japoneses entendieron que los oponentes que esperaban no serían los cruceros. Ese enfrentamiento, librado bajo el resplandor de los disparos y los reflectores japoneses, fue el combate más significativo en el mar para Guadalcanal. Cuando terminó la batalla, los cañones de 16 pulgadas de los acorazados estadounidenses tenían más que igualar a los japoneses. Tanto el Dakota del Sur como el Washington sufrieron daños tan graves que se vieron obligados a retirarse.

Un destructor japonés y tres estadounidenses fueron hundidos. Cuando la fuerza de ataque japonesa se retiró, el Almirante Tanaka llevó sus cuatro transportes a la playa. Sabía que serían objetivos a la luz del día. La Mayoría de los hombres a bordo lograron desembarcar antes de la esperada paliza de los buques de guerra, aviones y artillería estadounidenses. Los japoneses habían desembarcado diez mil soldados de la 38va División. Pero no estaban en condiciones de volver a intentar un refuerzo masivo. Las horribles pérdidas causadas por los frecuentes enfrentamientos navales, que parecían favorecer a los japoneses, no representaron un empate. Todos los barcos estadounidenses dañados o perdidos serían reemplazados. Cada barco japonés era precioso para su flota en constante disminución. Las pérdidas por combate aéreo en ambos lados fueron abrumadoras. Los japoneses nunca se recuperarían de la pérdida de sus experimentados pilotos de portaaviones. En la Batalla del Mar de Filipinas entre portaaviones japoneses y estadounidenses, se llamaría el "Tiro al pavo de Mariana" debido a la ineptitud de los novatos pilotos japoneses.

Las tropas enemigas que tuvieron la suerte de llegar a tierra no estaban preparadas para asaltar las posiciones estadounidenses. La 30ma División y los restos de las diversas unidades japonesas que intentaban penetrar las líneas de la Infantería de Marina debían ser entrenadas para formar una fuerza de ataque coherente antes de que el General Hyakutake pudiera tener algún intento razonable de tomar el campo Henderson. El General Vandegrift ahora tenía suficientes hombres y nuevas unidades para reemplazar a sus tropas veteranas a lo largo de las líneas del frente. Cambió la 1ra División de la Infantería de Marina por la 25ta de Infantería del Ejército. El Almirante Turner le dijo a Vandegrift que dejara todo su equipo pesado en la isla, y cuando se retiró "con la esperanza de volver a equipar sus unidades cuando salga".

Le dijo a Vandegrift que el Ejército ahora estaría al mando de las fases finales, ya que proporcionaría la Mayoría de las fuerzas de combate una vez que partiera la 1ra División de la Infantería de Marina. El Mayor General Alexander Patch, comandante de la División Americal, relevaría a Vandegrift como oficial estadounidense de alto rango en tierra. Su apoyo aéreo continuaría siendo dominado por los marines con el General Geiger, ahora en Espíritu Santo con escuadrones de combate del cuartel General del 1er Ala, para mantener la ofensiva. El comando aéreo de Guadalcanal sería una mezcla de escuadrones de la Marina, la Armada, el Ejército y los Aliados.

La lista de enfermos de la 1ra División de la infantería de marina en noviembre era de más de tres mil hombres con malaria. Los hombres de la 1ra División aún ocupaban las trincheras de primera línea y las zonas de retaguardia, si es que algún lugar dentro del perímetro de Guadalcanal podía llamarse propiamente zona de retaguardia. Los hombres estaban exhaustos. Habían hecho su parte en la lucha y todos lo sabían. El 29 de noviembre, el General Vandegrift recibió un mensaje del Estado Mayor Conjunto. El quid de la misma decía:

"1ra División de Marines debe ser relevada sin demora. Y procederá a Australia para su rehabilitación y empleo."

Se corrió la voz de que la 1ra División se marchaba y hacia dónde se dirigía. Australia aún no era el lugar especial que sería en el futuro de la división, pero cualquier lugar era mejor que Guadalcanal.

Derrota de las Fuerzas Japonesas en Guadalcanal

EL 7 DE DICIEMBRE, un año después del asalto japonés a Pearl Harbor, el General Vandegrift envió un mensaje a todos los que estaban bajo su mando agradeciéndoles su firmeza y valentía. Les recordó los increíbles logros que habían obtenido en Guadalcanal, ahora sinónimo de desastre y muerte en japonés. El 9 de diciembre, entregó su mando al General Patch y voló a Australia.

Elementos del quinto de la infantería de marina abordaron el barco. El 1º, 11º y 7º de la infantería de marina pronto lo siguieron junto con el resto de las unidades de apoyo de la división. Los hombres que se fueron con él estaban cansados, delgados, con los ojos hundidos y desmoralizados.

Este grupo de hombres jóvenes había envejecido considerablemente en solo cuatro meses. Dejaron 681 infantes de marina enterrados en el cementerio de la isla. El regimiento final de la 132va División Americal de Infantería arribó el 8 de diciembre cuando la 5ta de la Infantería de Marina se preparaba para partir. Los regimientos de la 2da División de la Infantería de Marina ya estaban en la isla. La 6ta de la Infantería de Marina estaba en camino para reunirse. Muchos de los hombres del 2º de la infantería de marina, que desembarcaron el 7 de agosto el día D, también deberían haberse ido. Les consolaba poco la idea de que, con todo derecho, deberían ser los primeros de la 2da División en salir de Guadalcanal cuando llegara el día.

Un flujo constante de reemplazos y refuerzos terrestres fue recibido por el General Patch en diciembre. Todavía no estaba listo para emprender una ofensiva a gran escala hasta la 25ta División, y llegó el resto de la 2da División de la infantería de marina. Mantuvo activas todas las patrullas de reconocimiento y las unidades de primera línea, especialmente hacia el flanco occidental. Las capacidades de defensa aérea de los comandantes de la isla se multiplicaron. La Fuerza Aérea Cactus se organizó en un comando de combate y un comando de ataque y bombardeo. Ahora operaban desde la base aérea recién designada del Cuerpo de Marines. El campo Henderson tenía una nueva pista de aterrizaje, la Fighter Dos. La Fighter Dos reemplazó a la Fighter Uno, que había sufrido graves problemas de drenaje.

El General Lewis Woods asumió el cargo de aviador principal cuando el General Geiger regresó a Espíritu Santo. Geiger fue relevado el 26 de diciembre por el General Francis Mulcahy, comandante General de la 2da Ala de Aeronaves de la Marina. Se agregaron regularmente nuevos escuadrones de bombarderos y cazas. El Ejército agregó un escuadrón de bombarderos de B-26. La Real Fuerza Aérea de Nueva Zelanda voló en un escuadrón de reconocimiento de aviones Lockheed Hudsons. La Marina de los Estados Unidos envió un escuadrón de aviones patrulleros PBY Catalina, con capacidad de vuelo nocturno.

Esta acumulación aérea obligó a los japoneses imperiales a frenar los ataques aéreos y hacer de sus intentos de refuerzo naval diurno un evento del pasado. Las visitas nocturnas de los destructores del Tokio Express ahora solo traían suministros encerrados en tambores de metal que rodaban por los costados del barco, con la esperanza de que flotarán hacia la costa. Los hombres en la costa necesitaban desesperadamente todo lo que pudieran enviarles, incluso con ese método. Pero la Mayoría de los tambores nunca llegó a las playas.

No importaba cuán desesperada se estuviera volviendo la situación del enemigo, los japoneses imperiales estaban preparados para luchar. El General Hyakutake continuó planificando la toma del aeródromo.

OPERATION WATCHTOWER 61

Ordenó al comandante del Octavo Ejército del Área que continuara la ofensiva. El General Imamura tenía cincuenta mil hombres para agregar y reforzar a las tropas japonesas asediadas en Guadalcanal.

Antes de que se pudieran utilizar las unidades enemigas, los estadounidenses estaban preparados para salir del perímetro en su propia ofensiva. Sabían que el monte, del área de Austin era una amenaza continua para su flanco interior. El General Patch encomendó a la 132da División de infantería de Americal a limpiar las laderas boscosas de la montaña el 17 de diciembre. El ejército logró aislar a la principal fuerza japonesa en el área a principios de enero. Los 1/2 Marines tomaron posiciones cuesta arriba al sureste de la 132 para aumentar la protección del flanco. A estas alturas, había llegado la 25ta División de Infantería. También lo habían hecho la 6ta de la Infantería de Marina y el resto del cuartel General y las tropas de apoyo de la 2da División. El General De Carré se hizo cargo de todas las fuerzas terrestres de la Marina en la isla. El comandante de la 2da División, el General John Marston, permaneció en Nueva Zelanda porque era superior al General Patch.

El General Patch estaba al mando de tres divisiones y designado como el Comandante General del XIV Cuerpo el 2 de enero. Su cuartel General del Cuerpo contaba con menos de veinte oficiales y hombres, casi todos tomados del estado Mayor americano. El General Sebree, que ya había dirigido unidades tanto del Ejército como de la Infantería de Marina en ataques contra los japoneses, tomó el mando de la División Americal. El 10 de enero, el General Patch dio la señal para iniciar la ofensiva estadounidense más vigorosa en la campaña de Guadalcanal. La misión de las tropas era atacar y destruir las fuerzas japonesas restantes en Guadalcanal.

El objetivo del ataque de la Infantería de Marina era una línea de mil quinientas yardas al oeste de las posiciones de desempate. Estas líneas corrían tierra adentro desde Point Cruz hasta las cercanías de Hill 66, a tres mil yardas de la playa. Para llegar a Hill 66, la 25ta División de Infantería atacó con la 27ma y 35ta Infantería conduciendo hacia el oeste y el suroeste a través de una serie revuelta de crestas. El camino fue duro contra un enemigo atrincherado. Elementos de dos regimientos de la 38va División cedieron a regañadientes y lentamente. Para el día 13, los soldados estadounidenses ayudados por la 1/2 División de Infantes de Marina habían ganado a través de dos posiciones en el flanco sur de la 2da División de la infantería de marina.

El 12 de enero, los infantes de marina comenzaron su avance con el 8º de la infantería de marina a lo largo de la costa y la 2da división de la infantería de marina en el interior. En la base de Point Cruz en el sector de la Marina 3/8, las semiorugas de la compañía de armas del regimiento corrieron sobre media docena de nidos de ametralladoras enemigas. Este ataque fue detenido por una extensa unidad de emplazamiento. El comandante de la compañía de armas, el capitán Henry Crow, se hizo cargo del escuadrón de infantes de marina que se cubría del fuego enemigo con la clásica línea:

"*Nunca obtendrán un Corazón Púrpura escondidos en una trinchera. ¡Síganme!*"

Los hombres lo siguieron y destruyeron el emplazamiento.

El avance fue difícil a lo largo del frente de las compañías de asalto que avanzaban. Los restos de la división japonesa de *Sendai* estaban excavados en una serie de compartimentos transversales. Su fuego tomó por sorpresa a los infantes de marina en los avances de flanco. El progreso fue lento a pesar del apoyo masivo de artillería y los disparos navales de los destructores en alta mar. Durante más de dos días de intensos combates, se utilizaron por primera vez lanzallamas y se pusieron en juego los tanques. La 2da División de la infantería de marina fue relevada y la 6ta División de la infantería de marina se trasladó al ataque a lo largo de la costa mientras la 8ª División de la infantería de marina avanzaba hacia el interior. Los disparos navales detectados por los oficiales en tierra mejoraron la precisión. La Infantería de Marina y el Ejército alcanzaron su objetivo principal inicial el día 15. En la zona de ataque, murieron más de seiscientos japoneses.

Las tropas del 2º de la Infantería de Marina, cansados de la batalla, habían visto su última acción de infantería en Guadalcanal. Ahora nació una nueva unidad. Era una división de Marina / Ejército compuesta, o división CAM, formada por unidades de la 2da División de la Infantería de Marina y la División Americal. El personal directivo era de la 2da División ya que toda la División Americal era responsable del perímetro principal.

Dos de sus regimientos, el 147º y el 182º de Infantería, avanzaron para atacar alineados con el 6º de la infantería de marina que aún se encontraba a lo largo de la costa. El octavo de la infantería de marina fue pellizcado fuera de las líneas del frente por un corredor de ataque que se estrechaba mientras las montañas y colinas del interior se encontraban más cerca del sendero costero. El avance de la 25ta División a través de este terreno accidentado tenía la tarea de flanquear al enemigo en las cercanías de Kokumbona, mientras que la División CAM continuaba avanzando hacia el oeste. El día 23, cuando las tropas de la CAM se acercaron a Kokumbona, el 1er Batallón de infantería se dirigió hacia el norte desde las colinas e invadió la aldea y la base japonesa. Ofrecieron una resistencia constante pero leve al avance estadounidense y se retiraron al oeste hacia el cabo Esperance.

Los japoneses imperiales no intentarían retomar Guadalcanal. Esas fueron las órdenes enviadas en nombre del Emperador. Se envió a los oficiales superiores del estado Mayor para asegurarse de que fueran seguidos. La Armada Imperial Japonesa haría sus recorridos finales del Expreso de Tokio, solo que esta vez al revés, para evacuar la guarnición y librar batallas posteriores para mantener a las Salomón. Los barcos enemigos se concentraban en el noroeste. El General Patch tomó medidas para protegerse contra la sobre extensión de sus fuerzas. Especialmente frente a lo que parecía ser otro intento enemigo de refuerzo. Retiró a la 25ta División para reforzar las defensas del perímetro primario y ordenó a la División CAM que continuara su ataque. Los infantes de marina y los soldados se marcharon el 26 de enero, ganando más de mil yardas el primer día y dos mil el siguiente. Los japoneses se opusieron a todos los ataques, pero no con fuerza.

Para el 30 de enero, la única unidad de primera línea en el avance estadounidense era la 147ma de Infantería; el 6º de la Infantería de Marina mantuvo posiciones a su retaguardia.

Los transportes destructores japoneses hicieron su primer viaje a la isla la noche del 2 de febrero, evacuando a dos mil trescientos hombres de posiciones cercanas al cabo Esperance. En la noche del 5 de febrero, regresaron y evacuaron a la Mayoría de los supervivientes del *Sendai*, al General Hyakutake y a su personal del 7º Ejército.

El 8 de febrero se llevó a cabo la evacuación definitiva y se embarcó una acción de retaguardia de tres mil hombres. Los japoneses retiraron a más de once mil hombres durante esas tres noches y evacuaron a más de trece mil soldados de Guadalcanal. Los estadounidenses volverían a encontrarse con muchos de estos soldados en batallas posteriores, pero

OPERATION WATCHTOWER

no con los seiscientos evacuados que murieron, demasiado enfermos y agotados para sobrevivir al rescate.

El 9 de febrero, los soldados estadounidenses que avanzaban hacia el oeste y el este se encontraron en la aldea de Tenaro en Cabo Esperance. La única unidad de tierra de los marines que seguía en acción eran los marines 3/10, que apoyaban el avance. El General Patch informó de la derrota completa y total de las fuerzas japonesas en Guadalcanal. No quedó ninguna unidad japonesa organizada.

El 31 de enero, el 2º de la Infantería de Marina abordó los barcos para salir de Guadalcanal. Al igual que la 1ra División de la Infantería de Marina, algunos de estos hombres fueron tan golpeados por la malaria que tuvieron que ser llevados a bordo. Los vigilantes se sorprendieron de nuevo porque estos jóvenes habían envejecido considerablemente en los últimos meses, "con la piel agrietada, surcada y arrugada". El 9 de febrero, el resto del 8º de la Infantería de Marina abordó los transportes. El 6º de la Infantería de Marina, con sólo seis semanas en la isla, partió el día 19. Todas las tropas se dirigieron a Wellington, Nueva Zelanda.

Dejaron atrás, en la isla como legado de la 2da División de la infantería de marina, 263 hombres muertos.

El costo total de la campaña de Guadalcanal para las fuerzas de combate terrestres estadounidenses fue de 1.598 entre oficiales y efectivos muertos. 1.152 de ellos eran marines.

Los heridos totalizaron 4.709. De esos 2.799 eran marines. Las bajas de la aviación marina fueron 147 muertos y 127 heridos.

Los japoneses perdieron casi 25.000 hombres en Guadalcanal. Aproximadamente la mitad murió en acción; el resto murió de heridas, hambre y enfermedad.

En el mar, cada bando perdió un número similar de barcos de combate. Los japoneses perdieron dos acorazados, tres portaaviones, doce cruceros y veinticinco destructores; todos insustituibles. Si bien las pérdidas de los barcos aliados fueron sustanciales y costosas, no fueron fatales. Todos los barcos perdidos fueron finalmente reemplazados. Más de seiscientos aviones japoneses fueron derribados. Peor que la pérdida de aviones fue la muerte de más de dos mil pilotos y tripulantes experimentados. Las pérdidas de aviones aliados fueron solo la mitad de las del enemigo, y las pérdidas de pilotos y tripulaciones fueron sustancialmente menores.

El Presidente Roosevelt, otorgó al General Vandegrift la Medalla de Honor por logros destacados y heroicos por su liderazgo de las fuerzas estadounidenses en Guadalcanal del 7 de agosto al 9 de diciembre de 1.942. También otorgó una mención de unidad presidencial a la 1a División de la Infantería de Marina por su "destacada galantería, reflejando el coraje y la determinación de un orden inspirador".

Incluidos en la mención y adjudicación de la división, además de las unidades orgánicas de la 1ra División con la 2da y 8va de la Infantería de Marina y unidades adscritas de la 2da División de la Infantería de Marina, todas las de la División Americal, el 1er Batallón de Paracaidistas, 1er y 2do Batallón de Incursores el 3º, 5º y 14º Batallón de Defensa, el 1º Batallón de Ingenieros de Aviación, el 6º Batallón de Construcción Naval y dos escuadrones de lanchas torpederas a motor. Se incluyó la vital Fuerza Aérea Cactus. Representada por siete cuarteles Generales y escuadrones de servicio de la Marina, dieciséis escuadrones voladores de la Marina, dieciséis escuadrones voladores navales y cinco escuadrones voladores del Ejército.

La victoria de Guadalcanal fue un punto de inflexión crucial en la guerra del Pacífico. La ofensiva japonesa terminó. Los pilotos, marineros e infantería del Imperio Japonés habían estado en combate cuerpo a cuerpo con los estadounidenses y sus aliados. Todavía quedaban años de feroces luchas por delante, pero ahora no había dudas sobre el resultado final.

General Alexander A. Vandegrift

SI LOS TÍTULOS MILITARES fuesen otorgados en América como lo fueron en Inglaterra, el comandante General de las fuerzas de la Infantería de Marina en Guadalcanal sería conocido como "Vandegrift de Guadalcanal". Pero Estados Unidos no otorga títulos aristocráticos, ni tal formalidad estaría en consonancia con la modesta conducta y voz suave de Alexander Vandegrift.

El hombre que dirigió la Primera División de la infantería de marina y la primera operación ofensiva terrestre de Estados Unidos durante la Segunda Guerra Mundial nació en Charlottesville, Virginia, en 1.887. Su abuelo le contaba fascinantes historias de la vida en el Ejército Confederado durante la Guerra Civil. Era el destino que el joven Alejandro se asentara en una carrera militar. Fue comisionado como Teniente de la Infantería de Marina en 1.909. Recibió un temprano bautismo de fuego en 1.912 durante el bombardeo, asalto y captura de Coyotepe en Nicaragua. Dos años después, participaría en la toma y ocupación de Veracruz, México. Vandegrift pasaría la Mayor parte de su próxima década en Haití. Luchó contra bandidos y se desempeñó como inspector de policía en la Gendarmería de Haití. En Haití, conoció y se hizo amigo del Coronel de la marina Smedley Butler, quien lo llamó "Sunny Jim". Las lecciones de esos años luchando contra un enemigo escurridizo en un entorno selvático hostil no se le escaparon al joven oficial de la Infantería de Marina.

Pasó los siguientes dieciocho años en varios puestos y estaciones en los Estados Unidos y dos giras de servicio en China en Tientsin y Peiping.

Antes de Pearl Harbor, Vandegrift fue nombrado asistente del Comandante General de División, y en 1940 recibió una sola estrella de un Brigadier General. Fue enviado a la 1ra División de la Infantería de Marina en noviembre de 1.941. En mayo de 1.942, navegó hacia el Pacífico Sur como comandante General de la 1ra División de la Infantería de Marina para salir de los Estados Unidos. El 7 de agosto de 1.942, dijo a sus marines que "Dios favorece a los valientes y fuertes de corazón". Lideró la 1ra División de la Infantería de Marina en tierra en las Islas Salomón durante la primera ofensiva a gran escala contra los japoneses.

Su victoria en Guadalcanal le valió la Medalla de Honor y la Cruz de la Armada, junto con el elogio de una nación agradecida. En julio de 1.943, asumió el mando del I Cuerpo Anfibio de la Marina. Planeó los desembarcos en Empress Agusta Bay, Bougainville y las Islas Salomón del Norte. El 1ro de noviembre de 1.943, fue llamado a Washington para ser el 18° Comandante de la Infantería de Marina.

El 1ro de enero de 1.944, como Teniente General, tomó juramento como comandante. El 4 de abril de 1.945, fue ascendido a General y se convirtió en el primer oficial en servicio activo en alcanzar un rango de cuatro estrellas. En las etapas finales de la guerra, el General Vandegrift dirigió una fuerza de élite que se acercaba a medio millón de hombres y mujeres, con su propio componente de aviación. Cuando comparó a sus marines con los japoneses, notó que el soldado japonés es:

"entrenado para ir a un lugar, quedarse allí, luchar y morir. Entrenamos a nuestros hombres para ir a un lugar, luchar para ganar y vivir. Les aseguro, es una mejor teoría."

El General Vandegrift libró otra batalla en los pasillos del Congreso. Lo que estaba en juego era la supervivencia del Cuerpo de Marines de EE. UU. Su contra testimonio durante las audiencias del Congreso de la primavera de 1946 ayudó a derrotar los intentos iniciales de fusionar o unificar las Fuerzas Armadas de Estados Unidos. Aunque su mandato como Comandante terminó el 31 de diciembre de 1.947, el General Vandegrift vivió para ver la aprobación de la Ley Pública 416, que preservó al Cuerpo y su misión histórica. Se jubiló el 1ro de abril de 1.949, después de 40 años de servicio.

El General Vandegrift sobrevivió tanto a su esposa como a su único hijo. Pasó sus últimos años en Delray, Florida. Murió el 8 de mayo de 1.973, a los 86 años.

Los Vigilantes Costeros

———

UN GRUPO DE MENOS DE mil quinientos vigilantes costeros nativos sirvieron como ojos y oídos de las fuerzas aliadas, informando movimientos y unidades japonesas en tierra, aire y mar. Los vigilantes costeros, cuyo nombre clave era Ferdinand, poseían tanto valor físico como mental para realizar su trabajo en puestos de avanzada en la jungla remota. Su invaluable conocimiento de la geografía y los pueblos del Pacífico los convirtió en una adición indispensable al esfuerzo de guerra aliado.

Este concepto se originó en 1.919 por una propuesta de la Real Armada Australiana para formar una organización civil de vigilancia de la costa para una alerta temprana en caso de invasión. Cuando estalló la guerra en 1.939, más de ochocientas personas se desempeñaban como vigilantes costeros. Ocuparon puestos de observación principalmente en la costa australiana. Eran funcionarios del gobierno ayudados por misioneros y plantadores que, con la guerra cada vez más cercana a Japón, fueron puestos bajo la inteligencia y el control de la Armada Australiana. En 1.942, el sistema de vigilancia de la costa y la red de inteligencia que la acompañaba cubría un área de más de medio millón de millas. Ahora estaban bajo el control de la Oficina de Inteligencia Aliada (AIB). La coordenada AIB necesitaba de todas las actividades de inteligencia aliadas en el suroeste del Pacífico. Su principal misión inicial era recopilar toda la información sobre el enemigo cerca de Guadalcanal.

Los vigilantes costeros fueron útiles para las fuerzas marinas al proporcionar informes sobre el número y el movimiento de las tropas japonesas. Los oficiales de la 1ra División de la infantería de marina obtuvieron información precisa sobre la ubicación de las fuerzas enemigas y sus áreas objetivo. Se les proporcionaron informes vitales sobre la proximidad de los bombardeos japoneses. El 8 de agosto de 1.942, el vigilante costero Jack Reed, en Bougainville, alertó a las fuerzas estadounidenses de una próxima incursión de más de cuarenta bombarderos japoneses. Esto resultó en treinta y seis aviones enemigos derribados y destruidos. Los vigilantes costeros proporcionaron un sistema de alerta temprana que ayudó a las fuerzas de la Marina en Guadalcanal a mantener el control de la pista de aterrizaje del Campo Henderson.

Los vigilantes costeros también rescataron a más de 115 pilotos aliados, incluidos los marines, durante la campaña de las Islas Salomón. A menudo, en peligro o en riesgo de sus propias vidas. El vigilante costero fumador en pipa Jack Reed coordinó la evacuación en Bougainville de cuatro monjas y veinticinco civiles con el submarino estadounidense Nautilus.

Se desconoce el número exacto de vigilantes costeros que pagaron el precio máximo en el desempeño de sus funciones. Muchos hombres y mujeres valientes murieron en el anonimato, sin saber la contribución que sus servicios habían otorgado a la victoria final en el Teatro del Pacífico. Quizás les complacería saber que nada menos que una autoridad que el Almirante "Bull" Halsey registró que los vigilantes costeros salvaron Guadalcanal, y Guadalcanal salvó el Pacífico.

Sargento Mayor Sir Jacob Charles Vouza

NACIDO EN 1.900 EN Tasimboko, Guadalcanal y el protectorado británico de las Islas Salomón. Fue educado en la escuela misionera evangélica de los Mares del Sur. Se unió a la Policía Armada del protectorado de las Islas Salomón en 1.916. En 1.941 se retiró con el rango de Sargento Mayor después de veinticinco años de servicio.

Después de que los japoneses imperiales invadieron su isla natal, se ofreció como voluntario para trabajar con los vigilantes costeros en servicio activo con las fuerzas británicas. La experiencia de Vouza como explorador ya se había establecido cuando la 1ra División de la infantería de marina desembarcó en Guadalcanal. El 7 de agosto de 1.942 rescató a un piloto naval caído del *USS Wasp*, que fue derribado dentro del territorio japonés. Guió al piloto a líneas amigas donde conoció a los marines por primera vez.

Vouza se ofreció como voluntario para explorar detrás de las líneas enemigas en busca de los marines. El 27 de agosto, fue capturado por los japoneses mientras estaba en una misión de la Infantería de Marina para localizar sospechosos vigías enemigos. Los japoneses encontraron una pequeña bandera estadounidense en su taparrabos. Lo ataron a un árbol y lo interrogaron sobre las fuerzas aliadas. Vouza fue interrogado durante horas, pero se negó a hablar. Fue torturado. Acuchilleado en brazos, estómago, garganta, cara y abandonado a su muerte.

Luego de la partida de sus captores, se liberó. Se abrió paso a través de kilómetros de jungla hasta las líneas estadounidenses. Proporcionó valiosa información de inteligencia a los marines sobre un inminente ataque japonés antes de aceptar atención médica. Pasó doce días en el hospital, luego regresó al servicio como jefe de exploradores de los marines. Él acompañó al Coronel Carlson en el 2do Batallón de Invasores Marinos cuando hicieron su incursión de treinta días detrás de las líneas enemigas en Guadalcanal.

El Sargento Mayor Vouza fue altamente condecorado por su servicio durante la Segunda Guerra Mundial. El General Vandegrift le presentó personalmente la Estrella de Plata por negarse a dar información bajo tortura japonesa. También fue galardonado con la medalla Legión de Mérito por su destacado servicio con el 2° Batallón de Incursiones durante noviembre y diciembre de 1.942.

Después de la guerra, el Sargento Mayor Vouza continuó sirviendo a sus compañeros isleños. En 1.949 fue nombrado jefe de distrito y presidente del Ayuntamiento de Guadalcanal. De 1.952 a 1.958, fue miembro del Consejo Asesor del Protectorado Británico de las Islas Salomón.

Durante su larga asociación con la Infantería de Marina de los EE. UU. Y a lo largo de los años, hizo muchos amigos. En 1.968, visitó los Estados Unidos y fue el invitado de honor de la Asociación de la Primera División de la infantería de marina. En 1.979 fue nombrado caballero por la reina Isabel II de Gran Bretaña. Falleció el 15 de marzo de 1.984.

El Amtrac LVT 1 (Vehículo de aterrizaje, con orugas, Mark 1)

LA INFANTERÍA DE MARINA estaba desarrollando una doctrina de guerra anfibia durante las décadas de 1.920 y 1.930. Era necesario un vehículo anfibio motorizado para transportar hombres y equipo desde barcos a través de arrecifes y playas a la batalla. Sobre todo, cuando se defendía la playa.

Los marines adoptaron el LVT 1 en 1.940. Diseñado por Donald Roebling y conocido como "Amtrac" (tractor anfibio), el LVT 1 tenía una cabina delantera y un pequeño compartimento del motor en la parte trasera. La Mayor parte del cuerpo se utilizó como espacio de carga. Durante los siguientes tres años, se construyeron y utilizaron más de mil doscientos tractores anfibios en la guerra. El Amtrac fue construido de acero soldado y propulsado tanto en tierra como en agua mediante peldaños tipo paleta. Funcionaba como un vehículo de suministro. Podía transportar entre cuarenta y quinientas libras de carga. En agosto de 1.942, el Amtrac entró en combate en Guadalcanal con el 1er Batallón de Tractores Anfibios. Luchando a lo largo de las campañas de las Islas Salomón, el Amtrac proporcionó a los Marines de todo tipo apoyo logístico, moviendo miles de toneladas de suministros desde las líneas del frente. También fueron presionados para un uso más táctico. Trasladaron piezas de artillería, mantuvieron posiciones defensivas y ocasionalmente apoyaron a los Marines en el ataque con sus ametralladoras. También se utilizaron como pontones para sostener puentes sobre los ríos Guadalcanal.

El Amtrac demostró ser más apto para navegar que un barco de tamaño comparable. Permanecieron a flote con toda la bodega de carga llena de agua, pero pronto se hicieron evidentes los defectos en el diseño.

Las huellas de las paletas en las orugas y el sistema de suspensión rígida eran susceptibles de sufrir daños cuando se conducía en tierra. No proporcionaban la velocidad deseada en tierra o agua. El Amtrac funcionó bien cuando se usó contra cabezas de playa indefensas, pero la falta de armadura lo convirtió en un blanco fácil para los ataques enemigos contra las fuertemente defendidas Islas del Pacífico. Esta fue una debilidad obvia durante los combates en las Islas Salomón, pero los Amtracs con armaduras improvisadas todavía estaban en uso en el asalto a Tarawa, donde más del 75% de ellos se perdieron en tres días.

El Amtrac demostró su valor y validó el concepto de vehículo anfibio a través de la excelente movilidad y versatilidad que demostró a lo largo de muchas campañas en el Pacífico. Aunque se diseñó únicamente con fines de suministro, se introdujo por primera vez en combate en enfrentamientos bélicos tempranos. Su papel inicial como vehículo de apoyo para entregar municiones, suministros y refuerzos marcó la diferencia entre la victoria y la derrota.

Ametralladora Reising

EUGENE REISING DISEÑÓ y desarrolló esta extraordinaria arma. La ametralladora Reising fue patentada en 1.940 y fabricada por la empresa de fabricación de armas de Harrington y Richardson en Worcester, Massachusetts. Según la investigación, las armas se fabricaron con máquinas de herramienta existentes que se remontan a la Guerra Civil y con acero ordinario en lugar de una ordenanza de acero.

Las nuevas máquinas de herramienta y el acero para artillería eran escasos y necesarios para armas más exigentes. Esto significaba que la ametralladora Reising cumplía con un requisito inmediato para muchas ametralladoras en ese momento. Cuando la producción de las ametralladoras Thompson M1928 y M1 aún no había alcanzado la demanda, la "ametralladora de engrase" M3 estampada aún no se había inventado.

La ametralladora Reising venía en dos modelos diferentes, el 50 y el 55. El modelo 50 tenía una culata de madera y un compensador adjunto a la boca. Richard Cutts y su hijo inventaron el compensador, que redujo la subida del cañón al momento del retroceso; ambos se convirtieron en Generales de brigada de la Marina.

La otra versión se denominó modelo 55. Tenía una culata de alambre de metal plegable que giraba sobre una empuñadura de pistola de madera. También tenía un cañón más corto y sin compensador. Diseñada para ser utilizada por paracaidistas, tripulaciones de tanques y otros que necesitaren un arma compacta. Ambas versiones de la ametralladora Reising disparaban munición calibre .45, el mismo cartucho que la pistola Colt automática y la ametralladora Thompson. Se produjeron más de cien mil ametralladoras Reising entre 1.940 y 1.942.

Gran Bretaña y la Unión Soviética adquirieron un pequeño número de estas armas. La Mayoría fueron utilizadas por el Cuerpo de Marines en la campaña de las Islas Salomón. El modelo 55 fue entregado tanto al Batallón de Paracaidistas Marinos como a los Raiders que lucharon en Guadalcanal. Después de su desempeño mediocre en combate, fue retirada del servicio de primera línea en 1.943 debido a muchas fallas en el diseño y la fabricación.

Los principales defectos de la Reising fueron la propensión a la interferencia. Esto se debió a un problema de diseño en el cargador y al hecho de que los cargadores estaban hechos de una chapa de acero blanda. El mecanismo de seguridad del arma no siempre funcionó. Si la culata se golpeaba contra la cubierta, el martillo retrocedía contra el resorte principal y luego volaba hacia adelante, disparando un cartucho en la recámara. Este diseño permitía la entrada de suciedad en el mecanismo y las tolerancias estrechas hicieron que se atascara. El acero utilizado permitió que se formara una oxidación excesiva en la humedad tropical de las Islas Salomón. Con seis libras, la Reising era más manejable que la Thompson de diez libras, más precisa, más fácil de disparar y más confiable en otras condiciones que no fueran de combate, pero la boca del cañón siempre debía apuntar en una dirección segura. El modelo 50 también se entregó a los infantes de marina para el servicio de guardia en puestos y estaciones en los Estados Unidos.

El Lanzador de Granadas Pesadas Japonés de 50 mm

CONOCIDO COMO EL *Juteki* por los japoneses, esta arma fue designada como "pesada", justificada por el poderoso proyectil explosivo de una libra y 12 onzas que disparaba. También disparaba la granada de fragmentación modelo 91 estándar.

Los infantes de marina y soldados estadounidenses que por primera vez encontraron esta arma y otras de su tipo en combate las llamaron "morteros de rodilla", porque eran disparadas desde una posición de rodillas. La placa base cóncava del descargador era presionada firmemente en la superficie del suelo por el pie del operador para soportar el fuerte retroceso del proyectil disparado.

El término morteros de rodilla sugirió a algunos captores inexpertos de estas armas que debían dispararse con la placa base apoyada contra la rodilla o el muslo. Cuando un infante de marina disparó uno de estos desde su muslo y le rompió el hueso de la pierna, se emprendieron rápidamente esfuerzos en el campo para educar inmediatamente a todas las tropas de combate en el manejo seguro y adecuado de estas útiles armas.

El lanzador de granadas pesadas de 50 mm era un arma de fuego de alto ángulo cargada por la boca que pesaba diez libras y tiene veinticuatro pulgadas de longitud total. Su diseño es compacto y sencillo. El descargador tiene tres componentes principales: el pedestal del cañón de apoyo con un mecanismo de disparo, la placa base y el cañón estriado. El funcionamiento de ese modelo era sencillo y, con la práctica, el usuario podía disparar rápidamente a un objetivo con precisión.

En todas las batallas importantes del Pacífico, el lanzador de granadas pesadas de 50 mm era un arma sencilla, portátil y eficiente. Se transporta en un estuche de cuero envuelto en un paño con un cabestrillo. Su construcción en una sola pieza facilitaba la puesta en acción rápidamente. Este lanzador de granadas tenía la ventaja sobre la Mayoría de los morteros. Se podía apuntar y disparar mecánicamente después de colocar el proyectil en el cañón.

La granada de fragmentación modelo 91 con su mecha de siete segundos hizo que este descargador fuera efectivo en un entorno de jungla. Ofreciendo al usuario total seguridad ante una detonación prematura por el follaje que sobresale. Disparaba una granada incendiaria y proyectiles de señales y humo, lo que hizo que esta versátil y eficaz arma fuera valiosa con sus particulares tipos de munición.

Esta arma se ganó el respeto de todos los que llegaron a conocerla.

1er Uniforme de Batalla marino emitido durante la Segunda Guerra Mundial

Cuando el Cuerpo de Marines de los Estados Unidos entró en la Segunda Guerra Mundial, vestían el mismo uniforme de campo de verano que habían usado durante las Guerras Bananeras. Los infantes de marina que defendieron los puestos de avanzada del Pacífico Americano en Guam, Filipinas y la isla Wake a fines de los meses de 1.941 vestían un uniforme de campo de verano que consistía en una camisa y pantalón de algodón caqui, calzas y un casco de acero. Los planes para cambiar este uniforme habían estado en marcha durante más de un año antes del inicio de las hostilidades.

Al igual que el Ejército, la Infantería de Marina había usado un uniforme de batalla de mezclilla azul holgado para los detalles y los ejercicios de campo desde la década de 1.920. Este uniforme de batalla venía en un overol con pechera de dos piezas y una chaqueta o un overol de una pieza con botones de metal del Cuerpo de Marines de los Estados Unidos. Finalmente fue reemplazado en junio de 1.940 por un mono de algodón verde. Este uniforme y el mismo uniforme de campo de verano fueron reemplazados por lo que se conocería como el uniforme utilitario. Aprobado para su uso en el cumpleaños número 166 de la Infantería de Marina, el 10 de noviembre de 1.941. Este uniforme estaba hecho de un algodón de sarga de espiga de color verde salvia (también conocido como verde oliva), en ese momento un material popular para la ropa de trabajo civil. El uniforme de dos piezas consistía en un abrigo (denominado chaqueta por los marines) y pantalones. En 1.943 se emitiría una gorra del mismo material.

El abrigo holgado se cerraba en la parte delantera con 24 botones de acero remachados con acabado de bronce; cada uno tenía las palabras "USMC" en relieve. Los puños se cerraban con botones similares. Dos grandes bolsillos de parche fueron cosidos en las faldas delanteras de la chaqueta y un solo bolsillo de parche cosido a la izquierda del pecho. El bolsillo tenía el águila, el globo terráqueo, el ancla de la Infantería de Marina y una insignia con letras del USMC estampadas en tinta negra. Los pantalones se podían usar con o sin leggins de lona de color caqui y tenían dos bolsillos de parche traseros y dos bolsillos delanteros.

Este nuevo uniforme fue entregado a la avalancha de nuevos reclutas que abarrotaron los depósitos en los primeros meses de 1.942. Usado por primera vez en combate durante el desembarco en Guadalcanal en agosto de 1.942, este uniforme fue usado por infantes de marina de todas las armas de las campañas de las Salomón hasta el final. de la guerra. Inicialmente, los botones del abrigo y los pantalones estaban bañados en cobre. Una especificación alternativa de emergencia fue aprobada el 15 de agosto de 1.942, ocho días después del desembarco en Guadalcanal. Esto permitió una variedad de acabados en los botones. Hacia el final de la guerra, se desarrolló un nuevo uniforme utilitario "modificado" después de la emisión de Tarawa. Además de una variedad de uniformes de camuflaje, estos uniformes utilitarios, junto con los cascos M1 diseñados por el Ejército. La Infantería de Marina usó zapatos tipo botín "boondocker" con suela de goma que se usarían durante la guerra en el Pacífico, durante los años de la posguerra y durante la Guerra de Corea.

El Parche de la 1ra División de Marines

EL PARCHE DE HOMBRO de la 1ra División fue autorizado para ser usado por miembros de unidades vinculadas u orgánicas a la división y sus cuatro desembarcos en la Guerra del Pacífico. Fue el primer parche de unidad que se permitió usar en la Segunda Guerra Mundial. En concreto, conmemoraba los sacrificios y la victoria de la división en la invasión y batalla por Guadalcanal.

Antes de que la 1ra División partiera de Guadalcanal hacia Australia, hubo una discusión por parte del personal superior sobre los uniformes y las tropas. Al principio, los marines tendrían que usar uniformes del ejército de los Estados Unidos. Lo que significaba que perderían su identidad, por lo que surgió la idea de un parche de división. Después de que se propusieran varios diseños diferentes, el General Vandegrift finalmente aprobó uno en el vuelo desde Guadalcanal.

El capitán Donald Dixon dibujó un diamante en su cuaderno y, en medio del diamante, garabateó el número uno. Dibujó la palabra Guadalcanal en toda su extensión. Creía que toda la operación había estado bajo la cruz del sur, por lo que también la incluyó. Una hora más tarde, llevó su dibujo al General Vandegrift al frente del avión. El General aprobó con entusiasmo su diseño y escribió sus iniciales en la parte inferior de la página del cuaderno.

Después de que el Capitán Dixon llegara a Brisbane, Australia. Compró un juego de acuarelas para niños mientras estaba confinado en su habitación de hotel debido a la malaria. Dibujó un montón de diamantes en una hoja grande, coloreó cada uno de manera diferente. Luego llevó muestras al General Vandegrift, quien eligió el color de un tono de azul que le gustaba. Luego, Dixon llevó el boceto a las fábricas de tejido australianas para que lo produjeran. Ofreció el crédito de los fondos de intercambio de publicación para pagar la fabricación de los parches. Después de una semana, los parches salieron de las máquinas de tejer y el Capitán Dixon estuvo allí para aprobarlos. Él recordó:

"Luego de que salieron de la máquina, recogí una hoja de ellos. Se veían excelentes, y cuando se cortaron, recogí uno de los parches. Fue el primero en salir de la máquina de tejer..."

Los intercambios de correos de la división vendieron los parches casi de inmediato. Los marines compraron extras para regalar como recuerdo a sus amigos australianos o enviar a casa.

Las divisiones marinas recién establecidas, así como los batallones de asalto, los batallones de paracaidistas, las alas de los aviones, los marines, las unidades de flota de la fuerza marina del Pacífico y otros, ahora podían tener su propio parche distintivo, un total de treinta y tres, siguiendo el líder de la 1ra División de la Infantería de Marina. Los infantes de marina que regresaban a los Estados Unidos para el servicio o la licencia estaban autorizados a usar la insignia hasta que fueran asignados a otra unidad. Muchos hombres de la 1ra División que se unieron a otra unidad y tuvieron que renunciar al uso de su parche de la 1ra División se sintieron molestos. Después de la guerra, el capitán Dixon acudió al General Vandegrift y le dijo que ya no creía que los marines debían llevar nada en sus uniformes para distinguirlos de otros marines. Vandegrift estuvo de acuerdo y los parches desaparecieron para siempre.

La Medalla de George

LA MEDALLA DE GEORGE era legendaria entre los veteranos de la 1ª División de la infantería de marina de Guadalcanal. Solo cincuenta se fundieron en Australia antes de que se rompiera el molde. Esta medalla conmemoraba el difícil cambio divisional durante los primeros días de Guadalcanal. Antes, cuando escaseaban los alimentos, las municiones y el equipo pesado, y los japoneses tenían en abundancia. Cuando el tema ya no estaba en duda, los Marines reflexionaron sobre el Día D más tres retiradas de la Armada ante el aumento de los ataques aéreos japoneses y la acción en la superficie, dejando a las divisiones en un aprieto.

El capitán Donald Dixon nuevamente resolvió conmemorar la ocasión. Diseñó una medalla apropiada utilizando una moneda de cincuenta centavos para dibujar un círculo en la postal militar japonesa capturada. El diseño del capitán Dixon fue aprobado y, cuando la división llegó a Australia, el molde lo hizo un artesano local. Sólo un pequeño número fue acuñado antes de que el molde se volviera inservible. Los infantes de marina que querían una medalla, pagaron una libra australiana y recibieron un certificado. Estas medallas son ahora una rareza aún Mayor que en ese momento.

El diseño de la medalla muestra una mano y una manga dejando caer una papa caliente con forma de Guadalcanal en los brazos de un marino. El diseño original de las rayas de las mangas fue del Almirante Gormley o del Almirante Fletcher, pero la medalla final omitió diplomáticamente ese estilo de identificación.

En el lado opuesto había un cactus, originario de Arizona, no de Guadalcanal, pero que representaba el nombre clave de la isla, "Cactus". La inscripción es Facia Georgius, "Que George lo haga". Fue así como se conoció como la Medalla George. En el reverso de la medalla se muestra una imagen de una vaca (el diseño original era un soldado japonés con las brechas hacia abajo) y un ventilador eléctrico, y tiene inscrito: "en recuerdo de los felices días pasados desde el 7 de agosto de 1942 hasta el 5 de enero, 1943, USMC". La cinta de suspensión estaba hecha de sarga verde pálido en espiga de un uniforme de batalla de los Marines. Cuenta la leyenda que para que sea auténtica, las utilidades con las que se elaboraran las cintas debían haber sido lavadas en las aguas del río Lunga de Guadalcanal.